mini-manuel de l'expertise comptable

Christel CARTALADE
Sylvie LOT

Comptabilité

Comptabilité financière et comptabilité de gestion

2e édition

DPECF épreuve n°4

AENGDE

Christel CARTALADE
est diplômée d'Expertise comptable
et titulaire d'une Maîtrise d'économie appliquée

Sylvie LOT
est professeur de gestion dans l'enseignement supérieur

mini-manuel de l'expertise comptable

Collection dirigée par Alain HABIB
Diplômé d'expertise comptable
Membre des jurys des examens d'Expertise comptable

Site internet : http://www.expertise-comptable.com

ISBN 2–84090–077–7

Sommaire

Chapitre 1

Le langage comptable

La comptabilité est l'ensemble des méthodes permettant de saisir et de traiter l'information chiffrée qui circule dans une entreprise.

1 Rôle

La comptabilité générale a des objectifs multiples :

- elle est un historique de l'entreprise dans la mesure où toute opération en valeur est enregistrée ;
- elle permet de déterminer le résultat de l'entreprise ;
- elle permet de déterminer la valeur de l'entreprise ;
- elle est la matière première de toute étude financière.

2 Obligations et principes comptables

A. Obligations

Toute personne physique ou morale ayant la qualité de commerçant doit :

- procéder chronologiquement à l'enregistrement comptable des mouvements affectant le patrimoine de son entreprise ;
- contrôler l'existence et la valeur des éléments actifs (emplois) et passifs (ressources) par inventaire au moins tous les douze mois ;
- établir des comptes annuels (réguliers et sincères, donnant une image fidèle du patrimoine, de la situation financière et du résultat de son entreprise) à la clôture de l'exercice au vu des enregistrements comptables et de l'inventaire. Ces comptes annuels doivent comprendre un bilan, un compte de résultat et une annexe.

Les livres comptables obligatoires sont :

- un livre journal (centralisation mensuelle des écritures journalières) ;
- un grand livre (détaillant, par journal auxiliaire, le contenu des différents comptes présenté ligne par ligne) ;
- un grand livre d'inventaire (recensement exhaustif des éléments d'actif et de passif).

Les livres obligatoires doivent être visés, cotés, paraphés et conservés pendant dix ans.

B. Principes (PCG et Code de Commerce)

- ***Principe de continuité de l'exploitation*** : « *Pour l'établissement des comptes, le commerçant, la personne physique ou morale, est présumé poursuivre ses activités* ».
- ***Principe d'indépendance des exercices*** : il faut découper la vie continue des entreprises en exercices comptables d'une année.
- ***Principe des coûts historiques*** : il consiste à respecter la valeur nominale de la monnaie, sans tenir compte des variations de son pouvoir d'achat.
- ***Principe de prudence*** : appréciation raisonnable des faits afin d'éviter le risque de transfert sur l'avenir d'incertitudes présentes susceptibles de grever le patrimoine et les résultats de l'entreprise.
- ***Principe de permanence des méthodes*** : la présentation des comptes annuels, comme les méthodes d'évaluation retenues, ne peuvent être modifiés d'un exercice à l'autre. Si des modifications exceptionnelles interviennent, elles sont décrites et justifiées dans l'annexe.
- ***Principe de l'importance relative*** : les états financiers doivent révéler toutes les opérations dont l'importance peut affecter les évaluations et les décisions.
- ***Principe de non-compensation*** : aucune compensation ne peut être opérée entre les postes d'actif et de passif du bilan ou entre les postes de charges et de produits du compte de résultat.
- ***Principe de bonne information*** : information suffisante et significative pour comprendre les documents financiers.
- ***Principe de prééminence de la réalité sur l'apparence*** : les transactions doivent être enregistrées et présentées conformément à leur nature et à la réalité financière, sans s'en tenir uniquement à leur apparence juridique.
- ***Principe d'intangibilité du bilan d'ouverture*** : le bilan d'ouverture d'un exercice doit correspondre au bilan de clôture de l'exercice précédent.

3 Organisation comptable

A. Le compte

Les opérations sont enregistrées dans les comptes dont l'intitulé correspond à leur nature. Toutes les ressources intéressant un compte se notent dans la partie droite : ***crédit***. Tous les emplois intéressant un compte se notent dans la partie gauche : ***débit.***

La différence entre le total du débit et du crédit est le ***solde*** du compte.

B. Le fonctionnement des comptes en partie double

Pour que les comptes soient équilibrés, il faut nécessairement que, pour chaque opération, l'un des comptes soit débité et l'autre crédité, selon un mécanisme appelé « partie double ».

Chaque opération entraîne une ressource et un emploi et pour chaque opération :

Emploi = Ressource Débit = Crédit

Ainsi, on peut noter l'égalité suivante :

Biens – Dettes = Résultat = Produits – Charges
ou Biens + Charges = Dettes + Produits

Exemple :

Achat de fournitures pour 10 000 F HT + TVA 20,6 %, le 15/01/N.

Journal des achats de janvier 19N				
Date	Compte	Libellé	Débit	Crédit
15	6022	Achats de fournitures à X	10 000	
15	44566	TVA déductible	2 060	
15	401	Fournisseur X		12 060

C. Schéma d'ensemble

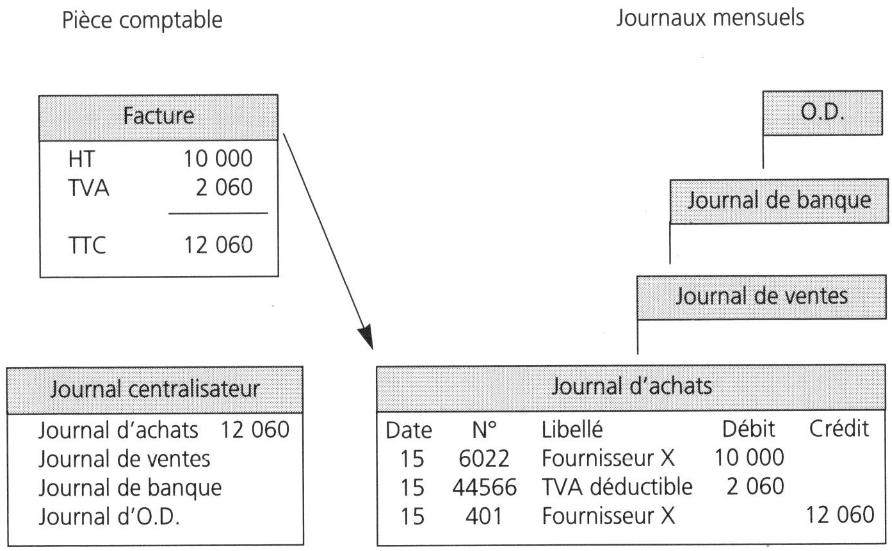

Le grand livre constitue l'ensemble des comptes ouverts dans l'entreprise classés dans l'ordre du PCG, avec le détail de chacun des mouvements.

Grand livre des comptes

Date	Libellé	Débit	Crédit	Solde
	Compte 101 capital			
	Compte 106 réserves			
	Compte 401 fournisseur			
	15 Fournisseurs X		12 060	12 060
	Compte 44566 TVA déductible			
	15 Fournisseur X	2 060		2 060
	Totaux			

La balance est un tableau dans lequel sont reportés les comptes du grand livre dans l'ordre du PCG, avec pour chacun d'eux : le total du débit, du crédit et le solde qui en découle.
Ce sont les montants des soldes qui sont portés dans les documents de synthèse (bilan, compte de résultat).

Balance des comptes

N° de compte		Mouvements		Soldes	
		Débit	Crédit	Débit	Crédit
101	Capital				
106	Réserves				
15	Provisions				
16	Emprunts et dettes				
2	Immobilisations				
3	Stocks				
401	Fournisseurs		12 060		12 060
410	Clients				
42	Personnel				
44566	TVA déductible	2 060		2 060	
512	Banque				
6022	Achats	10 000		10 000	
70	Ventes				
Totaux		12 060	12 060	12 060	12 060

Bilan *

Compte de résultat *

* cf. chapitre 20

Chapitre 2
Utilisation du Plan comptable général 1982

Un arrêté ministériel (27 avril 1982, mis à jour par un arrêté du 9 décembre 1986) a rendu obligatoire, à compter du premier exercice ouvert après le 31 décembre 1983, pour toutes les entreprises industrielles et commerciales, l'aménagement de leur comptabilité générale conformément au ***Plan Comptable Général (PCG)***.

Le PCG est un document approfondi comprenant le plan de comptes.

1 Présentation générale

En pratique, plusieurs situations peuvent se présenter :

- le PCG 1982 s'impose tel quel à toutes les entreprises, sans adaptations professionnelles ;
- des adaptations s'imposent à toutes les entreprises d'un même secteur d'activité (plan comptable hôtelier, immobilier...). On utilise alors le plan comptable professionnel, ayant fait l'objet d'un avis de conformité du CNC[1] ;
- le plan de comptes de l'entreprise, établi par référence au plan comptable professionnel et à défaut au PCG sélectionnant les seuls comptes qui intéressent chaque entreprise.

Quel que soit le plan retenu, il est commun à trois systèmes caractérisés par les documents de synthèse particuliers à chacun d'eux (pour les seuils, cf. tableau chapitre 20) :

- ***le système abrégé,*** utilisé par les petites entreprises, artisans ou commerçants : comptes imprimés en caractères gras ;
- ***le système développé***, utilisé par les entreprises moyennes et les grandes entreprises : comptes imprimés en caractères noirs et bleus ;
- ***le système de base***, utilisé également par les moyennes et grandes entreprises : comptes imprimés en caractères noirs.

1. CNC : Conseil National de la Comptabilité.

2 Répartition des opérations dans les classes de comptes

Comptabilité générale →
- Opérations relatives au bilan : classes 1 à 5
- Opérations relatives au compte de résultat : classes 6 et 7
- Comptes spéciaux : classe 8

Comptabilité analytique → Classe 9

A. Opérations relatives au bilan

Actif — **Bilan** — **Passif**

Actif		Passif	
Actif immobilisé		**Capitaux propres**	*classe 1*
Comptes d'immobilisations :	*classe 2*	Comptes de capitaux :	
Actif Circulant		Bénéfice :	*(120)*
		Perte :	*(129)*
Comptes de stocks et d'en-cours :	*classe 3*	Dettes :	*classe 1* *classe 5 (partiellement)*
Comptes de tiers :	*classe 4*	Comptes de tiers :	*classe 4*
Comptes financiers :	*classe 5*	Comptes financiers :	*classe 5*
Comptes de régularisation :	*(48)*	Comptes de régularisation :	*(48)*

B. Comptes de la classe 8

Ces comptes centralisent les engagements hors bilan, engagements donnés ou reçus. Ils sont utilisés par l'entreprise pour l'établissement de l'annexe.

Exemple :

Utilisation de matériel acquis en crédit-bail en 19N – 2 ; redevance annuelle 10 000, pendant 6 ans.

	Comptabilisation le 31/12/19N	Débit	Crédit
80161	Redevance pour crédit-bail mobilier restant à courir		30 000
8091	Contrepartie des engagements	30 000	

C. Opérations relatives au résultat

Charges — **Compte de résultat** — **Produits**

Charges	Produits
Charges d'exploitation *Comptes 60 à 65 + 681*	**Produits d'exploitation** *Comptes 70 à 75 + 781*
Charges financières *(6 en 2e position)* *Comptes 66 et 686*	**Produits financiers** *Comptes 76 et 786*
Charges exceptionnelles *(7 en 2e position)* *Comptes 67 et 687*	**Produits exceptionnels** *Comptes 77 et 787*
Bénéfice *Compte 120*	ou **Perte** *Compte 129*

D. Comptabilité analytique

Lorsque l'entreprise a choisi de tenir sa comptabilité analytique en utilisant les comptes de la classe 9, les opérations sont enregistrées dans ces comptes selon les critères qui lui sont propres.

3 Structure décimale des comptes

Le numéro de chacune des classes 1 à 9 constitue le premier chiffre des numéros de tous les comptes de la classe considérée.

Chaque compte peut se subdiviser.

En comptabilité générale, la position du chiffre, au-delà du premier, dans le numéro de code affecté au compte, a une valeur significative pour l'analyse de l'opération enregistrée.

Exemple :

Compte 408401 :

4	Compte de tiers
40	Compte fournisseurs
408	Fournisseurs, facture non parvenue
4084	Facture non parvenue d'un fournisseur d'immobilisations
408401	Facture non parvenue d'un fournisseur n° 1 d'immobilisations, soit Société X selon le choix de l'entreprise

Remarque : il est également possible de codifier de façon auxiliaire les comptes de tiers, cela donne alors lieu à l'édition d'un grand livre et d'une balance auxiliaires.

A. Terminaison zéro dans les comptes à trois chiffres

Le compte de terminaison zéro est utilisé comme compte de regroupement ou comme compte global.

Exemple :

Dans la balance détaillée, on peut voir apparaître le total de chacun des sous-comptes, avec le détail ensuite.

40 Fournisseurs et comptes rattachés		80 000
401101 Fournisseur X	20 000	
401102 Fournisseur Y	40 000	
401103 Fournisseur XY	5 000	
405001 Fournisseur Z d'immobilisation, effets à payer	15 000	

B. Signification de la terminaison 9 dans les comptes à deux chiffres

Les comptes de bilan se terminant par 9 identifient les provisions pour dépréciation de chaque classe correspondante.

Exemple :

29 Provisions pour dépréciation des immobilisations, regroupant les sous-comptes :

- 290 Provisions immobilisations incorporelles.
- 291 Provisions immobilisations corporelles.
- 297 Provisions immobilisations financières.

31 Stocks de matières premières.

391 Provisions pour dépréciation des matières premières.

Dans les comptes à trois chiffres, pour les comptes de bilan et de résultat, la terminaison 9 permet d'identifier les opérations de sens contraire à celles normalement couvertes par le compte. A l'exception du compte 28 « Amortissements des immobilisations » qui fonctionne comme un compte à deux chiffres de terminaison 9.

Dans les comptes à trois chiffres, les terminaisons 1 à 8 enregistrent le détail des opérations normalement couvertes pour le compte de niveau immédiatement supérieur.

Chapitre 3
Les achats et les ventes

Principe de base : la comptabilité française est une comptabilité d'engagements. La créance, comme la dette réciproque, naît lors de l'échange des consentements et devient certaine quant à son principe et son montant lors du transfert de propriété pour les ventes ou lors de leur réalisation pour les services, quelle que soit la date de règlement.

Habituellement, le transfert de propriété se produit lors de la livraison du bien qui, en pratique, correspond le plus souvent ***à la facturation***. C'est pourquoi les ventes sont enregistrées au vu des factures ; de même pour les achats, la comptabilisation est établie à la réception de la facture.

1 Établissement des factures et TVA[1]

La facture est un document établi par un commerçant pour constater les conditions d'achat et de vente des produits et services rendus.

Les factures doivent comporter les mentions suivantes :

- nom ou raison sociale du vendeur et de l'acheteur ;
- adresse du vendeur et de l'acheteur ;
- date de la vente ;
- dénomination précise des marchandises ;
- quantités facturées ;
- tout rabais, remise ou ristourne ;
- numéro de RCS, forme juridique de la société et capital social ;
- conditions de paiement et de facturation d'intérêts de retard.

Les factures délivrées par les redevables de la TVA à d'autres redevables doivent comporter les mentions suivantes :

- prix hors taxes ;
- montant global de la TVA ;
- taux de TVA ;
- numéro intra-communautaire ;
- option TVA sur les débits (éventuellement pour les prestataires de services).

1. Cf. chapitre 5 pour la TVA.

La TVA est collectée par l'entreprise vendeuse pour le compte du Trésor public auquel elle la reverse sous déduction de la TVA recouvrée sur elle en amont.

Ainsi la TVA ne constitue pas une charge pour l'entreprise, mais seulement une dette ou une créance selon le cas.

Pour les entreprises, la TVA comprend deux éléments distincts :

- la TVA déductible (TVA sur charges et acquisitions d'immobilisations), compte 4456 ;
- la TVA collectée (TVA sur produits et cessions d'immobilisations), compte 4457.

Du jeu de ces deux éléments, résulte la TVA à décaisser par l'entreprise.

2 Comptabilisation des achats et des ventes

Les achats (compte 60) et les ventes (compte 70) sont des charges et des produits d'exploitation.

Achats

601	Achats stockés-MP
602	Achats stockés autres approvisionnements
604	Achats d'études et prestations de services
605	Achats de matériel
606	Achats non stockés
607	Achats de marchandises

Ventes

701	Ventes de produits finis (1)	
702	Ventes de produits intermédiaires	
703	Ventes de produit résiduels	
704	Travaux	(2)
705	Études	
706	Prestations de services	
707	Ventes de marchandises (3)	
708	Produits des activités annexes	

(1) Concerne les entreprises industrielles.

(2) Ces comptes sont choisis en fonction de l'activité de l'entreprise, et non pas de la nature du produit.

(3) Réservée aux entreprises commerciales.

Exemple :

Fournisseur	**Facture**	**Client**
Journal des ventes		*Journal des achats*
Ventes : compte 70 ←	Total HT	→ Achats : compte 60
TVA collectée : compte 44571 ←	TVA	→ TVA déductible : compte 44566
Clients : compte 411 ←	TTC	→ Fournisseurs : compte 401

KONECTEL 12, rue Vivienne 7502 PARIS
Sté CITÉ 16, rue Tronchet 75008 PARIS
Paris, le 12 mars N
Permanence téléphonique
Montant H.T. 1 920,00 F TVA 20,6 % 395,52 F Total T.T.C. 2 315,52 F
R.C. Paris B339560270 S.A.R.L. au capital de 50 000 F

	Chez Konectel 12/03/N	Débit	Crédit
41100x	Client Cité	2315,52	
706000	Prestation de service		1 920,00
445710	TVA collectée		395,52

	Chez Cité 12/03/N		
604000	Prestation de service	1 920,00	
445660	TVA déductible	395,52	
40100y	Fournisseur Konectel		2315,52

3 Frais accessoires

A. Frais accessoires d'achat (FAA)

Les frais accessoires d'achat sont des charges externes engagées lors de la réalisation d'opérations d'achats par l'entreprise, du type frais de transport, commissions, courtages, primes d'assurances...

Le principe comptable veut que les achats soient comptabilisés au prix d'achat, qui s'entend du prix facturé, net de taxes récupérables.

Comptabilisation : 3 solutions possibles selon les choix de gestion de l'entreprise

1) Les FAA externes sont, selon leur nature, inscrits au compte 61/62 « Autres charges externes » (voire 63 lorsqu'il s'agit de taxes spécifiques) :

616 Primes d'assurances.
624 Transfert de biens.

Exemple :

Le 15/06/19N, une entreprise achète des marchandises pour un montant hors taxes de 12 000 francs ; sur la facture apparaissent les FAA suivants :

– 300,00 F de frais de transport,

– 250,00 F de commission,

– 100,00 F d'assurance (non soumise à la TVA).

Le taux de TVA est 20,6 %.

	15/06/N	Débit	Crédit
607000	Achat de marchandises	12 000	
616000	Prime d'assurance	100	
622000	Honoraires	250	
624000	Transports de biens	300	
445660	TVA déductible 20,6 % x (12 000 + 300 + 250)	2 585,30	
401000	Fournisseurs		15 235,30

2) Les FAA peuvent être ajoutés au prix d'achat au compte 60 lorsqu'ils peuvent être affectés de façon certaine à une catégorie de marchandises.

Exemple :

607000	Achat de marchandises	12 650,00	
445660	TVA déductible	2 585,30	
401000	Fournisseurs		15 235,30

***3)* Dans le système développé,** les FAA sont obligatoirement compris dans les sous-comptes d'achats auxquels ils s'appliquent. Le compte 608 « Frais accessoires d'achat » peut être ventilé selon la nature des marchandises :

6081 FAA sur achats stockés – MP.
6085 FAA sur achats de matériel...

Exemple :

607000	Achat de marchandises	12 000	
608716	Prime d'assurance	100	
608722	Honoraires	250	
608724	Transport de biens	300	
445660	TVA déductible	2 585,30	
401000	Fournisseurs		15 235,30

Remarque : 608 FAA.
6087 FAA sur achat de marchandises.
608722 FAA sur achat de marchandises sous forme d'honoraires.

Le choix d'une de ces trois méthodes est indépendant du mode de comptabilisation des frais accessoires de vente effectué chez le fournisseur.

B. Frais accessoires de vente (FAV)

1) Refacturation de frais

L'entreprise engage les frais à son nom et demande le remboursement au client.

Ces frais sont enregistrés en charges, et leur remboursement constitue un produit soumis à la TVA à comptabiliser en compte 708 « Produits des activités annexes », même si l'entreprise a refacturé une quote-part de bénéfice :

708200 Commissions et courtages.

708500 Ports et frais accessoires facturés...

2) Facturation de frais de transport

Les frais de transport engagés avant le transfert de propriété présentent le caractère d'élément du prix de vente des marchandises (que le transport ait été effectué par l'entreprise ou par un tiers).

Les frais de transport engagés après le transfert de propriété suivent le même traitement que toute refacturation de frais.

Les conditions de vente peuvent prévoir que les frais de transport :

- ***sont à la charge du fournisseur*** : condition « franco de port » (la facture en ce cas ne fait pas état des frais de transport) ;
- ***sont à la charge du client*** : condition « départ ». Dans ce cas, deux situations se rencontrent :

  - le port n'est pas facturé (cas identique aux conditions franco de port) ;
  - le fournisseur organise le transport et en paye, dans un premier temps, le prix. Il peut alors refacturer son client forfaitairement (exemple 1 ci-dessous) ou bien refacturer au franc le franc les frais d'expédition facturés par le transporteur (exemple 2 ci-dessous).

Exemple 1 :

Ventes de marchandises : 30 000 F HT

Frais forfaitaires de transport : 2 000 F HT

L'écriture chez le fournisseur sera :

		Débit	Crédit
411	Clients	38 592	
707	Ventes de marchandises		30 000
708	Produits des activités annexes		2 000
44571	TVA collectée		6 592

Exemple 2 :

Ventes de marchandises : 45 000 F HT

Facturation des frais de transport par la SNCF : 1 800 F HT

– *Le fournisseur enregistre les frais de transport qu'il supporte pour le compte de son client :*

		Débit	Crédit
624	Transports de biens	1 800,00	
44566	TVA déductible	370,80	
401	Fournisseurs		2 170,80

– *Le fournisseur répercute ces frais sur son client lors de la facturation* :

		Débit	Crédit
411	Clients	56 440,80	
707	Ventes de marchandises		45 000,00
44571	TVA collectée		9 270,00
624	Transport de biens		
ou			1 800,00
791	Transfert de charges d'exploitation		
44566	TVA déductible		370,80

Chapitre 4
Les réductions et les avoirs

1 Définitions

On distingue en comptabilité deux types de réductions :

– les réductions à caractère commercial ;

– les réductions à caractère financier.

L'avoir simple concerne les retours de marchandises non conformes.

A. Les réductions à caractère commercial

– Réductions en *relation directe* avec la vente.

– Réductions portant sur *l'aspect quantitatif ou qualitatif* des marchandises vendues.

Elles comprennent :

- les rabais,
- les remises,
- les ristournes

} RRR

Rabais : accordés *exceptionnellement* afin de compenser le non-respect des termes de la vente (ex. marchandises défectueuses, avariées, retard de livraison, erreur sur la marchandise, etc...).

Le client peut refuser, même en contrepartie d'un rabais important.

Remises : accordées *habituellement* par le vendeur du fait de l'importance de la commande ou dans le but de fidéliser le client (ex. réduction de 20 % aux jeunes de moins de 18 ans, 15 % de réduction pour tout achat de plus de 1 000 F).

Ristournes : calculées sur *le chiffre d'affaires* réalisé avec un même client sur une période déterminée. Les taux de ristourne peuvent être progressifs (ex. 4 % de ristourne sur le chiffre d'affaires annuel jusqu'à 100 000 F et 5 % au delà, versée le 31 décembre).

B. Les réductions à caractère financier

– Réductions généralement accordées aux clients contre un règlement au comptant ou avant l'échéance prévue au contrat.

– Calculées en pourcentage du montant dû hors taxes. C'est l'***escompte de règlement***.

2 Schéma de comptabilisation

Deux cas doivent être envisagés pour la comptabilisation des réductions commerciales et financières :

- les réductions apparaissent sur la facture ; c'est le cas des remises et parfois des escomptes de règlement convenus avant l'établissement du document ;
- les réductions sont déterminées après établissement de la facture ; elles font alors l'objet d'une facture spécifique : l'avoir.

A. Enregistrement des réductions commerciales

1) RRR portées sur la facture (de DOIT)

Les réductions commerciales (généralement les remises) portées sur la facture ne sont pas enregistrées ; seul le net commercial est comptabilisé en « achats » ou en « ventes ».

Exemple :

Facture n° 12	
Le 15/02/N	
Total HT :	10 000
Remise 10 % :	1 000
Remise 5 % (1) :	450
Net commercial :	8 550
TVA 20,6 % :	1 761,30
Net à payer :	10 311,30

	Chez l'acheteur	Débit	Crédit
607	Achats de marchandises	8 550	
44566	TVA déductible	1761,30	
401	Fournisseurs		10311,30

	Chez le vendeur		
411	Clients	10311,30	
707	Ventes de marchandises		8550
44571	TVA collectée		1761,30

(1) Lorsqu'il y a plusieurs remises successives, le calcul s'effectue en cascade.

2) RRR faisant l'objet d'une facture d'avoir

Les réductions commerciales (rabais, ristournes, voire remises) accordées après l'établissement de la facture et présentées sur des factures d'avoir sont enregistrées :

- RRR obtenus comptabilisés en 609,
- RRR accordés comptabilisés en 709.

Les autres écritures (TVA, clients et fournisseurs) sont « inverses » des enregistrements habituels.

Attention : *les réductions ne doivent pas être confondues avec des factures d'avoir pour simple retour de marchandises (ex : quantité livrée supérieure à la quantité commandée) pour lesquelles il suffit de contre-passer partiellement l'écriture d'achat d'origine (en tenant compte des éventuels RRR accordés sur la première facture) ; cf. paragraphe C. ci-dessous.*

Exemple 1 :

Facture d'avoir n° 12 Le 15/02/N	
Remise 10 % : sur facture n° 56	1 000
TVA	206
Total à votre crédit :	1 206

Chez l'acheteur

		Débit	Crédit
401	Fournisseurs	1 206	
609	RRR obtenus sur achats		1 000
44566	TVA déductible		206

Chez le vendeur

		Débit	Crédit
709	RRR accordés sur ventes	1 000	
44571	TVA collectée	206	
411	Clients		1 206

Exemple 2 :

Taux de ristourne	Seuil de CA
5 %	100 000 F
7 %	300 000 F
10 %	500 000 F
12 %	1 000 000 F et plus

Pour un chiffre d'affaires réalisé de 800 000 F HT, la ristourne annuelle sera calculée par paliers :

100 000 x 5 %	=	5 000,00
(300 000 – 100 001) x 7%	=	13 999,93
(500 000 – 300 001) x 10 %	=	19 999,90
(800 000 – 500 001) x 12 %	=	35 999,88
Total	=	74 999,71 F

B. Enregistrement des réductions financières

(ou escomptes de règlement)

Les escomptes sont ***toujours enregistrés***, dans les comptes financiers, qu'ils soient portés sur la facture ou sur l'avoir :

– escomptes accordés en compte 665,

– escomptes obtenus en compte 765.

Exemple :

Facture n° 122	
Le 15/02/N	
Total :	10 000
Escompte 10 % :	1 000
Net financier :	9 000
TVA :	1 854
Total :	10 854

Chez l'acheteur

		Débit	Crédit
607	Achats de marchandises	10 000	
44566	TVA déductible	1 854	
765	Escomptes obtenus		1 000
401	Fournisseurs		10 854

Chez le vendeur

		Débit	Crédit
411	Clients	10 854	
665	Escomptes accordés	1 000	
707	Ventes de marchandises		10 000
44571	TVA collectée		1 854

C. Enregistrement d'une facture comprenant des réductions à caractère commercial et financier

Exemple :

Facture n° 2360
Le 12/10/N

Ventes de marchandises

Réf	Q	PU	TOTAL
AX12	100	30	3 000
BZ13	250	70	17 500

TOTAL BRUT	: 20 500
Remise 10 %	: 2 050
Remise 5 %	: 922,50
Net commercial	: 17 527,50
Escompte 5%	: 876,38
Net financier	: 16 651,13
TVA 20,6 %	: 3 430,13
Net à payer TTC	: 20 081,26

Chez le fournisseur

		Débit	Crédit
411	Clients	20 081,26	
665	Escomptes accordés	876,38	
707	Ventes de marchandises		17 527,50
44571	TVA collectée		3 430,13

Chez le client

		Débit	Crédit
607	Achats de marchandises	17 527,50	
44566	TVA déductible	3 430,13	
765	Escomptes obtenus		876,38
401	Fournisseurs		20 081,26

D. Facture d'avoir pour retour de marchandises

Outre le fait que l'enregistrement d'un avoir correspond à l'écriture inverse de l'enregistrement d'une facture (contre-passation partielle de la vente), son calcul, souvent demandé aux examens, doit être effectué au moins aux mêmes conditions que la facture initiale.

Exemple (en reprenant les données de l'exemple précédent) :

Le client retourne à son fournisseur 50 pièces BZ13 défectueuses.

Le fournisseur adresse un avoir pour retour de marchandises et accorde un rabais supplémentaire de 5 % (*sous entendu : sur les marchandises conservées*).

a) Avoir relatif aux marchandises défectueuses retournées

Avoir n° 746
Le 10-11-N

Réf	*Q*	*PU*		*TOTAL*
BZ13	50	70		3 500
TOTAL Brut			:	3 500
Remise 10 %			:	350
Remise 5 %			:	157,50
Net commercial			:	2 992,50
Escompte 5 %			:	149,60
Net financier			:	2842,88
TVA 20,6 %			:	585,63
Net à votre crédit			:	3428,51

b) Calcul et établissement de l'avoir pour rabais supplémentaire

Marchandises conservées :

Réf	Q	PU		TOTAL
AX12	100	30		3 000
BZ13	200	70		14 000
TOTAL Brut			:	17 000
Réductions déjà appliquées			:	
10 %			:	1 700
5 %			:	765
Net commercial d'origine			:	14 535

Avoir n° 747
Nouvelle réduction
Base de calcul : 14 535

Taux : 5 %	Rabais	:	726,75
Effet sur l'escompte (5%)		:	36,34
Net financier du rabais		:	690,41
TVA 20,6 %		:	142,22
Net à votre crédit TTC		:	832,63

NB : les 2 avoirs (n°s 746 et 747) auraient pu faire l'objet d'une seule pièce comptable.

c) Comptabilisation chez le fournisseur

Avoir 746 :

707	Ventes de marchandises	2 992,50	
44571	TVA collectée	585,63	
665	Escompte accordé		149,60
411	Clients		3 428,51

Avoir 747 :

7097	RRR sur ventes de marchandises	726,75	
44571	TVA collectée	142,22	
665	Escompte accordé		36,34
411	Client		832,63

707	Ventes de marchandises	2 992,50	
7097	RRR sur ventes de marchandises	726,75	
44571	TVA collectée	727,85	
665	Escompte accordé		185,94
411	Clients		4 261,14

ou avoirs 746 et 747 comptabilisés en une seule écriture :

Chapitre 5
La taxe sur la valeur ajoutée : TVA

Notions générales

La TVA est un impôt général sur la consommation qui frappe en principe tous les biens et les services consommés ou utilisés en France, qu'ils soient d'origine nationale ou étrangère. Elle a pour caractéristique d'être normalement « répercutée » sur le consommateur qui en supporte la charge définitive.

Le champ d'application est très large, les opérations imposables comprennent des opérations obligatoirement assujetties, des opérations pouvant être assu-jetties par voie d'option ; la loi prévoit néanmoins un certain nombre d'exonérations.

En ce qui concerne l'***assiette*** et le moment où interviennent le ***fait générateur*** et l'***exigibilité*** de la taxe, les règles applicables varient suivant la nature des opérations imposables : livraisons de biens, prestations de services.

Elle repose sur le principe des déductions. Elle est ***collectée*** par l'entreprise pour le compte du Trésor public auquel elle la reverse, ***sous déduction*** de la TVA recouvrée sur elle en amont dans le circuit de production et/ou de commercialisation. C'est donc un compte de tiers, ne transitant pas par le compte de résultat, tous les enregistrements comptables se faisant hors TVA (HT) sauf pour les entreprises assujetties partiellement, pour lesquelles une partie de la TVA payée constitue une charge.

1 Comptabilisation de la TVA

A. Comptes concernés

La TVA collectée d'une part, la TVA déductible d'autre part, sont enregistrées dans les subdivisions du compte 445 « État – Taxes sur le chiffre d'affaires » :

4455 « Taxes sur le chiffre d'affaires à décaisser (TCA) », montant figurant sur la déclaration de chiffres d'affaires adressée au Trésor public.
On utilise le plus souvent le compte 44551 « TVA à décaisser ».

4456 « TCA déductibles », créance sur le Trésor public résultant du droit à déduction (TVA mentionnée sur les factures des fournisseurs).
Dont notamment :
44562 « TVA sur immobilisations ».
44564 « TVA à régulariser (régime des encaissements) ».
44566 « TVA sur autres biens et services ».
44567 « Crédit de TVA à reporter ».

4457 « TCA collectée par l'entreprise », dette envers le Trésor public résultant de la facturation de la TVA aux clients.
Les comptes fréquemment utilisés sont :
44571 « TVA collectée ».
44574 « TVA à régulariser » (régime des encaissements).

4458 « TCA à régulariser ou en attente », compte utilisé dans les cas particuliers objets de ses subdivisions dont notamment : 44585 « TVA sur acomptes à régulariser ».

Les comptes 44564, 44574 et 44585 ont pour vocation d'être mouvementés provisoirement (en l'attente du règlement) ; ils seront soldés par l'imputation définitive de la TVA concernée aux comptes 44571 et 44566. Ainsi, seuls[1] les comptes 44571 et 44566 (et éventuellement 44562 ; cf. chapitre 13) seront utilisés pour le calcul de la TVA à déclarer.

B. Les taux de TVA

Taux normal : 20,60 % depuis le 01/08/95.

Appliqué à toutes les opérations pour lesquelles un autre taux n'est pas spécialement prévu.

Taux réduit : 5,5 %

Appliqué aux produits alimentaires, eau, médicaments, produits agricoles, livres et œuvres d'art originales ainsi qu'aux prestations de services telles que le transport de voyageurs, presse, spectacles, prestations relatives aux biens listés précédemment (exemple : cession de droits portant sur des livres).

C. Enregistrement de la TVA (exemples d'enregistrements chez le vendeur au taux de 20,6 %)

Il existe deux régimes de TVA selon l'activité de l'entreprise :

- la TVA sur les débits ;
- la TVA sur les encaissements.

1) Régime des débits : livraisons et achats de biens meubles corporels.

Le fait générateur de la TVA et son exigibilité coïncident et se situent tous deux au moment de la délivrance du bien.

a) Délivrance du bien concomitante à la facturation

	Chez le vendeur	Débit	Crédit
411	Clients	3 015	
707	Ventes de marchandises		2 500
44571	TVA collectée		515

Chez l'acheteur, enregistrements réciproques avec utilisation du compte 44566 « TVA déductible ».

1. Sauf TVA intracommunautaire ; cf. § 4.

b) Réception d'acomptes avant la facturation

– *Acomptes comptabilisés en HT* (acompte 500 sur une vente TTC de 3 015 F).

Chez le vendeur

		Débit	Crédit
512	Banque	500	
4191	Clients – acomptes reçus		500

– *Lors de la facturation*

Chez le vendeur

411	Clients	2 515	
4191	Clients – acomptes reçus	500	
707	Ventes de marchandises		2 500
44571	TVA collectée		515

2) Régime des encaissements : prestations de services ou travaux immobiliers

Le fait générateur de la taxe (exécution des services ou des travaux) ne coïncide pas avec son exigibilité (encaissement des acomptes, du prix, ou de la rémunération).

a) Lorsque la facturation et le paiement sont concomitants (cas classique) : au débit 512 « Banque » crédité par 706 « Prestations de services » et 44571 « TVA collectée » (et réciproquement chez le client avec 44566 « TVA déductible »).

b) En cas de crédit accordé par le fournisseur :

- *lors de la facturation* : 411 « Clients » au débit crédité par 706 « Prestations de services » et 44574 « TVA à régulariser sur les encaissements » ;
- *lors du règlement* : débit 512 « Banque », crédit 411 « Clients » pour le TTC et débit 44574 par le crédit de 44571 « TVA collectée ».

(Chez le client, on utilisera le 44564 « TVA à régulariser sur encaissement »).

c) En cas de versement d'acompte : l'acompte reçu est considéré TTC

– *Lors de l'acompte :*

Chez le vendeur

		Débit	Crédit
512	Banque	500	
4191	Clients – acomptes reçus		500
44585	TVA sur avances acomptes à régulariser	103	
44571	TVA collectée		103

– *Lors de la facturation :* pour solde

Chez le vendeur

411	Client	2 515	
4191	Clients	500	
704	Travaux		2 500
44574	TVA à régulariser		412
44585	TVA sur avances acomptes à régulariser		103

– *Lors du règlement :*

Chez le vendeur

512	Banque	2 515	
411	Clients		2 515
44574	TVA à régulariser	412	
44571	TVA collectée		412

L'acquéreur ne peut déduire la TVA que sur des paiements effectués ; il est alors possible d'utiliser les comptes 44566 « TVA déductible » et 44585 « TVA sur avances et acomptes » lors du paiement dont les montants seront virés au fur et à mesure des paiements correspondants.

3) Pour les prestataires de services, la TVA peut, sur option, être exigible d'après les débits

Tel est le cas, après autorisation de l'administration fiscale, pour les opérations pour lesquelles l'exigibilité de la TVA est constituée par les encaissements : prestations de services, travaux immobiliers, agriculture... On se retrouve alors dans un schéma à mi-chemin entre les deux possibilités précédentes. Dans ce cas, la facture doit préciser « TVA sur les débits » (c'est le cas des factures de France Télécom).

a) Facturation classique (règlement comptant ou à crédit) sans réception préalable d'acompte :

Chez le vendeur

		Débit	Crédit
411	Clients ou 512 Banque	3 015	
704	Travaux		2 500
44571	TVA collectée		515

b) Facturation après réception d'un acompte

– *Réception d'un acompte* :

Chez le vendeur

512	Banque	500	
4191	Clients – acomptes reçus		500
44585	TVA sur avances acomptes	103	
44571	TVA collectée		103

– *Lors de la facturation* :

Chez le vendeur

411	Clients	2 515	
4191	Clients acomptes reçus	500	
704	Travaux		2 500
44581	TVA sur avances acomptes		103
44571	TVA collectée		412

2 Calcul et comptabilisation de la TVA à payer (Régime réel normal)

En fin de mois (ou de trimestre), l'entreprise doit constater dans ses comptes sa position vis-à-vis du Trésor public, telle qu'elle apparaît sur sa déclaration de chiffre d'affaires, c'est-à-dire soit la TVA à reverser, soit le crédit de TVA. Le calcul de la TVA due au titre du mois M (payable le 15 ou le 25 du mois M + 1) s'effectue de la manière suivante :

	Comptes à débiter	Comptes à créditer
• *TVA collectée M.*		
– Sur ventes en France	44 571	
– Sur acquisitions intracommunautaires (avec distinction éventuelle des immobilisations)	44 591	
• *TVA déductible M.*		
– Sur achats en France de biens et services		44 566
– Sur achats en France d'immobilisations		44 562
– Sur acquisitions intracommunautaires (avec distinction possible des immobilisations)		44 596
• *Crédit de TVA M – 1 (éventuellement)*		44 567
= Crédit de TVA à reporter	44 567	
ou		
TVA à payer		44 551
PAIEMENT	44 551	512

Exemple :

L'entreprise ZINBA a réalisé au cours du mois de Mai N les opérations suivantes[1], toutes assujetties au taux normal de TVA (les informations sont issues des journaux d'achats et de ventes).

– Journal d'achats et OD

• *Opérations en France :*

Achats de marchandises :	9 780 000
Prestations de services (TVA sur les débits) :	2 240 000
Acquisitions d'immobilisations :	500 000

• Opérations hors de France :

Achats de marchandises au sein de l'Union Européenne :	970 000
Acquisitions d'immobilisations en U.E. :	1 620 000

– Journal de ventes

En France :	16 940 000
En U.E. :	4 240 000
Exportations hors U.E. :	3 720 000

TVA réglée le 20 juin N par chèque.

1. avec facturation = date de livraison.

Calcul de la TVA due du mois de mai

TVA Collectée :

• Sur ventes France : (16 940 000 x 20,6 %) :	3 489 640
• Sur acquisitions intracommunautaires :	
– marchandises : (970 000 x 20,6 %) :	199 820
– immobilisations : (1 620 000 x 20,6 %) :	333 720
(1)	
Total :	4 023 180

TVA déductible :

• Sur achats de marchandises France (9 780 000 x 20,6 %) :	2 014 680
• Sur prestations de services France (2 240 000 x 20,6 %) :	461 440
• Sur acquisitions d'immobilisations France (500 000 x 20,6 %) :	103 000
• Sur achats marchandises U.E. (970 000 x 20,6 %) :	199 820
• Sur acquisitions immobilisations (1 620 000 x 20,6 %) :	333 720
Total :	3 112 660
TVA due au titre de Mai :	910 520

Enregistrement :

		Débit	Crédit
	31/05/N		
44571	TVA collectée	3 489 640	
44591	TVA à payer sur acquisitions intercommunautaires (199 820 + 333 720)	533 540	
44562	TVA déductible sur immo. France		103 000
445962	TVA déductible sur immo. U.E.		333 720
44566	TVA déductible sur A.B.S. France (2 014 680 + 461 440)		2 476 120
445966	TVA déductible sur A.B.S. U.E.		199 820
44551	TVA à décaisser		910 520
	20/06/N		
44551	TVA à décaisser	910 520	
512	Banque		910 520

3 Cas des entreprises assujetties partiellement

Certaines entreprises exercent diverses activités dont certaines sont assujetties au régime de la TVA et d'autres pas. Ces entreprises sont donc partiellement assujetties. Dans ce cas, et pour chaque exercice, leur droit à déduction de TVA

1. Rappel : TVA collectée sur ventes en U.E. et hors U.E. = 0 (opérations exonérées).

est calculé selon le ***régime du prorata***. Le prorata sera appliqué à la TVA facturée pour calculer (par déduction) la part de TVA non déductible qui sera partie intégrante de la valeur d'acquisition du bien ou de la charge.

Remarque : le prorata applicable pour les déclarations de TVA de l'exercice N est calculé sur la base des CAHN – 1 ; c'est donc un prorata provisoire.

4 La TVA sur opérations intra-communautaires

Les notions d'exportation et d'importation sont supprimées au sein de l'Union Européenne. Les échanges de biens entre la France et les autres Etats membres de l'Union Européenne sont de deux types :

- ***la livraison intracommunautaire*** opérée par le vendeur est en principe exonérée de TVA (régime général des exportations) ;
- ***l'acquisition intracommunautaire*** effectuée par l'acheteur est taxable dans le pays d'arrivée des biens au taux en vigueur dans ce pays (taux de TVA français en France).

Les opérations concernées sont les achats de biens et services par une entreprise située en France en provenance d'un fournisseur établi dans un Etat membre de l'Union européenne.

A. Principe

Du fait de la suppression des barrières douanières, la TVA afférente à ces achats n'est plus collectée par les services des douanes mais directement par l'entreprise française acheteuse. En conséquence, la comptabilité de l'acquéreur doit enregistrer deux TVA distinctes mais de même montant, à savoir :

- TVA à payer[1] ——► Compte 44591* « TVA à payer sur acquisitions intra-communautaires » ;
- TVA à récupérer[2] ——► compte 44596* « TVA à récupérer sur acquisitions intracommunautaires ».

* Comptes avec le chiffre 9 en quatrième position proposés par la doctrine.

Dans la mesure où la périodicité d'exigibilité et de déductibilité coïncident, ces deux TVA figureront sur la même déclaration et leur effet sur le montant de TVA à payer sera nul (sauf en cas de TVA partiellement déductible).

La date d'enregistrement comptable est conditionnée par celle d'exigibilité de la taxe. Il faut retenir que l'***exigibilité*** correspond à la date de facturation ou, à défaut, au 15 du mois suivant celui de la livraison, si la facture n'est pas encore parvenue à cette date. Le ***fait générateur*** reste la date de livraison.

A l'inventaire, ou si l'entreprise le souhaite à la date de réception sans facture des marchandises, la doctrine propose d'utiliser les comptes d'attente suivants :

- *445981 « TVA à payer sur factures non parvenues » ;*
- *445986 « TVA à récupérer sur factures non parvenues » ;*
- *4089 « Fournisseurs, Union européenne, factures non parvenues ».*

---

1. Assimilable dans son fonctionnement à une TVA collectée.
2. Assimilable à une TVA déductible.

B. Valorisation

Fiscalement, pour les factures libellées en devises, la TVA doit être calculée à partir du prix converti, selon l'administration, au ***jour d'exigibilité***, soit :

- au dernier taux connu en pratique = cours du jour ;
- au taux mensuel douanier publié à la fin de chaque mois.

C. Enregistrement

La TVA doit être enregistrée au plus tard à la date de son exigibilité.

Le compte d'achats doit être enregistré au jour et au cours du jour de la facturation.

L'exigibilité intervenant au plus tard le 15 du mois suivant la livraison, les deux enregistrements peuvent intervenir à des dates différentes.

D. Schéma comptable

Il faut distinguer les deux hypothèses suivantes :

– Hypothèse 1

La date de facturation coïncide avec l'exigibilité de la TVA ; l'enregistrement, au jour de la facturation, est le suivant :

607	Achats de marchandises	X	
44596	TVA à récupérer sur acquisitions intracommunautaires	Y	
4019	Fournisseurs Union européenne		X
44591	TVA à payer sur acquisitions intracommunautaires		Y

– Hypothèse 2

La date de facturation est postérieure à la date d'exigibilité (soit au-delà du 15 du mois suivant la livraison) ; l'enregistrement est le suivant :

	15 M + 1		
44596	TVA à récupérer sur acquisitions intracommunautaires	Y	
44591	TVA à payer sur acquisitions intracommunautaires		Y
	A la date de la facture		
607	Achats de marchandises	X	
4019	Fournisseurs Union européenne		X

Avec dans les deux hypothèses :

X = prix unitaire en devises x quantité x cours mensuel douanier.

Y = montant de la facture en francs (montant X ci-dessus) x taux de TVA applicable (20,6 % ou 5,5 %).

E. Exemple expliqué

La société France-Fedex achète et vend des produits agro-alimentaires (TVA : 5,5 %). Elle réalise les opérations suivantes :

– 4 février N : achat en Allemagne de 4 tonnes de produit A. Livraison le 6 février. Facture jointe aux marchandises.
  - Prix facturé : 5 DM HT le kg.
  - Cours mensuel douanier du DM : 3,4052 FF.

– 12 février N : achat de 10 000 kg de produit B en Espagne. Livraison le 15 février. Facturation le 20 février.
  - Prix facturé : 9 500 Pesetas HT la tonne.
  - Cours mensuel douanier de 100 Pesetas = 4,10 FF.

– 20 février N : achat en Grande-Bretagne de 6 tonnes de produit C. Livraison le 22 février. Facturation le 21 mars.
  - Prix facturé : 2 000 £ la tonne.
  - Cours mensuel douanier de la £ :

    8,30 FF pour février,

    8,35 FF pour mars.

Enregistrement comptable

L'enregistrement est effectué à la date de facturation qui correspond ici à la date d'exigibilité.

	06/02/N	Débit	Crédit
607	Achats de marchandises (4 000 x 5 x 3,4052)	68 104,00	
44596	TVA à récupérer sur acquisitions intercommunautaires (68 104,00 x 5,5 %)	3 745,72	
4019	Fournisseurs Union européenne		68 104,00
44591	TVA à payer sur acquisitions intracommunautaires		3 745,72

Même remarque que précédemment bien que la date de facturation diffère de celle de la livraison.

	20/02/N		
607	Achats de marchandises (10 x 9 500 x 4,10/100)	3 895,00	
44596	TVA à récupérer sur acquisitions intracommunautaires (3 895,00 x 5,5 %)	214,23	
4019	Fournisseurs Union européenne		3 895,00
44591	TVA à payer sur acquisitions intracommunautaires		214,23

La livraison a été effectuée en février mais la facture n'étant pas reçue au 15 mars, l'enregistrement s'effectue à cette date (15/03), date d'exigibilité.

15/03/N

		Débit	Crédit
44596	TVA à récupérer sur acquisitions intracommunautaires [(6 x 2 000 x 8,35) x 5,5 %]	5 511	
44591	TVA à payer sur acquisition intracommunautaires		5 511

Enregistrement de l'achat

21/03/N

607	Achats de marchandises (6 x 2 000 x 8,35)	100 200	
4019	Fournisseurs Union européenne		100 200

Remarque : le paiement définitif de ces dettes sera valorisé au cours du jour du paiement et donnera lieu à la comptabilisation de pertes ou de gains de change (cf. chapitre 18).

F. Obligation d'identification et de facturation

Les personnes physiques ou morales susceptibles d'effectuer des opérations intra-communautaires doivent faire l'objet d'une identification par un numéro intra-communautaire ; ce numéro doit figurer sur les factures émises qui doivent également indiquer l'identification intra-communautaire du client.

Chapitre 6
Les charges et les produits

1 Définitions

A. Les produits

Ce sont des ***ressources internes*** de l'entreprise créées par son activité. Ils participent à la formation du résultat de l'entreprise.

B. Les charges

Ce sont des ***emplois définitifs*** des ressources de l'entreprise. Elles concernent en valeur, les biens et services que l'entreprise acquiert et consomme (revente telle quelle ou transformation) pour assurer son activité. Il s'agit donc de *consommations immédiates*.

Les charges viennent en déduction des produits et concourent ainsi à la formation du résultat.

2 Documents de base : constatation des charges

Les charges sont notifiées à l'entreprise par des documents externes et internes.

A. Documents externes

La plupart sont constitués de ***factures.***

D'autres le sont par la réception d'***avis de tiers*** à l'entreprise (Trésor public, déclaration de charges sociales renseignée par l'entreprise, bordereau de banque).

B. Documents internes

C'est le cas des feuilles de paie du personnel.

Documents extra-comptables des charges calculées que sont notamment les dotations aux amortissements et aux provisions.

3 Classification comptable

Les charges sont comptabilisées dans des comptes de la classe 6 et les produits dans des comptes de la classe 7. A l'intérieur de ces 2 classes, les charges et les produits sont répartis selon 3 démembrements de l'activité de l'entreprise :

- Activité courante ou cycle d'exploitation → charges et produits d'exploitation
- Opérations de financement → charges et produits financiers
- Événements exceptionnels → charges et produits exceptionnels

Remarque : pour être exhaustif, il faut ajouter une quatrième catégorie pour les charges relatives aux prélèvements sur le résultat global (impôt sur les bénéfices et participation des salariés) qui ne sont rattachées spécifiquement à aucune des trois catégories précédentes.

Le compte de résultat et l'analyse financière reprennent cette classification par nature et permettent de valoriser des résultats intermédiaires de l'entreprise.

4 Définition selon la nature des charges et produits

A. Les charges

1) Les charges d'exploitation

Ce sont les charges relatives à l'activité courante de l'entreprise, c'est-à-dire les frais générés par ses relations avec ses fournisseurs, l'État et les collectivités publiques (sauf IS) ainsi que le personnel et les organismes sociaux (sauf participation des salariés).

Ces comptes regroupent ceux relatifs à des achats (***compte 60***) :

- de biens : **601, 602, 606** et **607** ;
- de sous-traitance incorporés aux ouvrages et produits fabriqués : **604** et **605** ;
- des « charges négatives » que sont les réductions sur achats : **609** ;

Ils concernent aussi les autres charges externes **61/62** classés selon leur nature :

- services extérieurs : **61**[1]

Attention : sous-traitance générale **611**, *autre que celle inscrite aux comptes* **604** et **605** ;

- autres services extérieurs : **62**[1]

Attention : services bancaires et assimilés **627** *(à ne pas confondre avec les charges financières facturées par les établissements bancaires et financiers).*

Ils comprennent encore les impôts et taxes : **63**.

Ils enregistrent également les charges de personnel : **64** (cf. chapitre 7).

Enfin, ils comprennent les autres charges de gestion courante : **65** :

- redevances pour concessions, brevets, licences, marques, procédés, droits et valeurs similaires : **651** ;
- jetons de présence : **653** ;
- pertes sur créances irrécouvrables : **654** ;

1. Cf. liste intégrale des comptes du PCG 82.

– quote-part sur opérations faites en commun (groupe) : **655** ;

– charges diverses : **658**.

2) Les charges financières (compte 66)

Ce sont les charges liées au financement de l'entreprise, c'est-à-dire la rémunération des prêteurs et organismes financiers ainsi que celles relatives aux réductions financières accordées.

3) Les charges exceptionnelles (compte 67)

Ces comptes enregistrent des charges qui ne sont pas liées à l'exploitation et qui ne sont pas financières. Leur caractère est exceptionnel du fait de leur nature. Le Plan Comptable distingue les opérations exceptionnelles de gestion des opérations exceptionnelles en capital :

– opérations de gestion : compte **671** ; ex : pénalités, dons et libéralités (**6713**) ;

– opérations en capital : compte **675** : valeurs comptables des éléments d'actifs cédés.

4) Les prélèvements sur le résultat global (compte 69)

– Participation des salariés aux fruits de l'expansion : **691**

– Impôts sur les bénéfices : **695**

– Imposition forfaitaire annuelle des sociétés : **697**

– Produits-report en arrière des déficits : **699**

B. Les produits

1) Les produits d'exploitation

Ce sont ceux qui résultent de l'activité courante de l'entreprise, c'est-à-dire du cycle achats, production, ventes.

Il s'agit :

– des comptes de ventes : **70** ;

- de produits finis : **701** ;
- de produits résiduels : **703** ;
- de travaux : **704** ;
- de prestations de services : **706** ;
- de marchandises : **707** ;
- de prestations annexes : **708** ;
- des réductions accordées sur ventes : **709** (qui seront retranchées des comptes **70** lors de l'établissement du compte de résultat).

Remarque : tous ces comptes constituent le chiffre d'affaires de l'entreprise.

– des comptes de production stockée ***(71)*** qui enregistrent la variation de stocks de la branche industrielle de l'entreprise ;

– de la production immobilisée ***(72)*** qui concerne la production de l'entreprise réalisée pour elle-même ;

– des produits nets partiels enregistrés sur les opérations à long terme ***(73)*** ;

- des subventions d'exploitation accordées par l'État ou les collectivités locales pour compenser des insuffisances des produits d'exploitation ***(74)*** ;
- des autres produits de gestion courante ***(75)*** tels que les redevances des concessions, brevets, etc. ***(751)*** ; les jetons de présence ***(753)*** ; les quotes-parts sur opérations faites en commun ***(755)*** et les produits divers ***(758)***.

2) Les produits financiers

Ce sont les produits que l'entreprise tire de son « activité financière » relative aux prêts qu'elle accorde, aux réductions financières qu'elle obtient et aux placements qu'elle effectue.

Ces produits sont enregistrés dans le compte **76** qui distingue :

- les produits de participation : **761** ;
- les produits sur les autres immobilisations financières : **762** ;
- les revenus sur créances diverses et commerciales : **763** ;
- les revenus des valeurs mobilières de placement : **764** (à ne pas confondre avec les produits nets de cession des valeurs de placement : **767**) ;
- les escomptes obtenus : **765** ;
- les gains de change (réalisés et non potentiels) : **766** ;
- et les autres produits financiers : **768.**

3) Les produits exceptionnels

Comme pour les charges, le Plan Comptable distingue les opérations de gestion ***(771)*** des opérations en capital ***(775)***. Ces dernières enregistrent les prix de vente hors taxes des éléments d'actif cédés desquels on devra retrancher les valeurs nettes comptables pour connaître le résultat de cession, plus ou moins-value (cf. chapitre 22).

Chapitre 7
Les salaires

Les charges de personnel sont constituées :

– par l'ensemble des rémunérations en monnaie et avantages en nature du personnel de l'entreprise : salaires bruts ;

– par les charges sociales, au profit des salariés, liées à ces rémunérations : cotisations sociales patronales.

1 Le salaire brut : salaire et éléments accessoires

Le salaire brut, base de calcul des diverses cotisations sociales est composé de plusieurs éléments :

– ***salaire de base*** : salaire périodique (le plus souvent mensuel) résultant du calcul : salaire horaire x nombre d'heures travaillées.

L'horaire normal de travail hebdomadaire est calculé sur la base d'une durée de 39 heures (durée légale).

De ce fait, le salaire mensuel est calculé sur la base d'un horaire de travail mensuel de 169 heures, c'est-à-dire :

$$\frac{39 \text{ h x } 52 \text{ semaines}}{12 \text{ mois}} = 169 \text{ h/mois}$$

– ***heures supplémentaires*** : les heures supplémentaires effectuées au-delà de la 39e heure par semaine sont majorées :

- de 25 % pour les 8 premières heures comprises entre la 40e et la 47e,
- de 50 % pour les autres (à partir de la 48e) ;

– ***les primes*** : elles sont des compléments de rémunération accordées pour diverses causes (souvent prévues par les conventions collectives) : ancienneté, assiduité, rendement, panier, salissure, etc...

– ***les avantages en nature*** : éléments soumis à cotisations, offerts gratuitement aux salariés qui accroissent donc le montant de leurs revenus.

Tous ces éléments constitutifs des salaires bruts sont enregistrés en charges de personnel : 641 « Rémunération du personnel ».

2 Les retenues sur salaire

On peut distinguer diverses natures de retenues sur salaires :

- *les cotisations sociales salariales* : le système de protection sociale français rend obligatoire la cotisation à diverses caisses d'assurance sociale. Il s'agit principalement des caisses de la sécurité sociale, de l'assurance chômage et des caisses de retraites.

  Afin de percevoir de façon quasi certaine toutes les cotisations salariales, on utilise en France le système du précompte selon lequel l'employeur retient sur les salaires payés les cotisations salariales et les verse directement aux organismes collecteurs ;
- *les acomptes sur salaires* : c'est la partie des salaires préalablement versée, c'est-à-dire avant la date normale de règlement et qui correspond au travail déjà effectué, à la date de paiement de l'acompte ;
- *les avances sur salaires* : c'est également une fraction du salaire versée par anticipation, mais qui ne correspond pas à un travail effectué ;
- *les oppositions* : l'employeur prélève ces sommes sur la paie du salarié pour les verser directement à des créanciers du salarié ayant obtenu, par décision de justice, une saisie-arrêt sur salaire (exemple le plus fréquent : pension alimentaire dans le cadre d'un divorce).

3 Le salaire net à payer

Le salaire net à payer aux salariés est donc représenté par : le salaire brut diminué des retenues sur salaires. Cette dette sera enregistrée au compte 421 « Personnel rémunérations dues ».

Attention : même en l'absence d'avances et acomptes ou d'opposition, le net à payer diverge du net imposable du fait de la CSG qui est une cotisation en partie imposable (cf. feuille de paie).

4 Les cotisations sociales patronales

Les salariés ne sont pas les seuls à cotiser aux caisses d'assurance sociale. Les entreprises participent pour une grande part à l'alimentation de ces caisses.

Ces contributions sont enregistrées dans des comptes de charges sociales distinctes des salaires bruts : 645 « Charges de sécurité sociale et de prévoyance. »

La législation sociale prévoit que tous ces éléments relatifs aux rémunérations (salaire de base et accessoires, retenues et cotisations patronales) figurent sur le bulletin de paie.

5 Le bulletin de paie et le calcul des cotisations

A. Rappel des cotisations sociales sur les salaires bruts à compter du 01/01/1998

Cotisations	Taux global %	Répartition		Assiette
		Employeur %	Salarié %	
I. URSSAF (1)				
Assurance maladie (2)	13,55	12,8	0,75	Gain total
Assurance veuvage	0,1		0,1	Gain total
Allocations familiales (3)	5,4	5,4		Gain total
Aide au logement (plus de 9 salariés)	0,4	0,4		Gain total
Assurance vieillesse	1,6	1,6		Gain total
Accidents du travail	Taux variable selon le risque de l'entreprise			Gain total
CSG	7,5		7,5	Gain total après déduction 5 % pour frais professionnels
CRDS	0,5		0,5	Gain total après déduction 5 % pour frais professionnels
Assurance vieillesse	14,75	8,2	6,55	Jusqu'à 14 090 F par mois
Aide au logement	0,1	0,1		Jusqu'à 14 090 F par mois
II. ASSEDIC				
Chômage	6,18	3,97	2,21	Jusqu'à 14 090 F par mois
ASF	1,96	1,16	0,8	Jusqu'à 14 090 F par mois
Chômage (4)	6,68	3,97	2,71	Entre 14 090 F et 56 360 F par mois
ASF	2,18	1,29	0,89	Entre 14 090 F et 56 360 F par mois
AGS	0,25	0,25		Jusqu'à 56 360 F par mois
III. Retraite complémentaire (taux minimum)				
Cadres – ARRCO (5)	6,875	4,125	2,75	Jusqu'à 14 090 F par mois
Cadres – Assurance décès obligatoire	1,5	1,5		Jusqu'à 14 090 F par mois
Cadres – AGIRC (6)	18,75	11,875	6,875	Entre 14 090 F et 56 360 F par mois
Cadres – APEC (7)	0,06	0,036	0,024	Entre 14 090 F et 56 360 F par mois
Cadres – AGIRC	18,75	Répartition libre		Entre 56 360 F et 112 720 F par mois
Cadres – Contribution exceptionnelle temporaire (CET)	0,14	0,09	0,05	Jusqu'à 112 720 F par mois
Non-cadres (ARRCO) (5)	6,875	4,125	2,75	Jusqu'à 42 270 F par mois
IV. Taxes et participations				
Taxe sur les salaires (8)	4,25	4,25		Gain total
Construction (au moins 10 salariés)	0,45	0,45		Gain total
Apprentissage (9)	0,5	0,5		Gain total
Formation (10)				Gain total
Entreprises d'au moins 10 salariés (11)	1,5	1,5		Gain total
Entreprises de moins de 10 salariés (12)	0,15	0,15		Gain total

(1) Ce tableau ne tient pas compte du versement de transport.
(2) Dans les départements du Bas-Rhin, du Haut-Rhin et de la Moselle, la part salariale est majorée d'une cotisation supplémentaire dont le taux n'était pas encore connu à la date du présent feuillet rapide.
(3) Une exonération, totale ou de moitié, est applicable dans les zones de revitalisation rurale et à certaines entreprises nouvelles : voir C-III-250 s.
(4) Dans les entreprises de spectacles, le taux de la part salariale doit être minoré de 0,50 %.
(5) Le tableau fait état d'une répartition : 60 % employeur, 40 % salarié.
(6) Pour les cadres dont le salaire ne comporte pas de tranche B ou une tranche B de faible montant, des cotisations sont dues à l'AGIRC en vertu de la garantie minimale de points : voir n° 14.
(7) S'y ajoute un versement annuel forfaitaire dont le montant n'était pas encore définitif à la date du présent feuillet rapide.
(8) Non exigible dans la mesure où l'employeur est assujetti à la TVA. Des taux majorés s'appliquent au-delà de seuils revalorisés annuellement : voir n° 19.
(9) 0,2 % en Alsace-Moselle.
(10) Participation supplémentaire de 1 % sur la rémunération des salariés sous contrat à durée déterminée quel que soit l'effectif.
(11) Taux spécial de 2 % pour les entreprises de travail temporaire.
(12) 0,22 % pour les artisans de BTP (relèvement en cours). S'y ajoute, pour les entreprises soumises à la taxe d'apprentissage, une cotisation formation en alternance de 0,10 %.

Tranches applicables au 01/01/1998 (par mois)

Tranches	de	à	Calculs
Tranches A	–	14 090	plafond de la sécurité sociale
Tranches B	14 090	56 360	soit de 1 à 4 plafonds S.S.
Tranches C	56 360	112 720	soit de 4 à 8 plafonds S.S.

Rappel : pour la Sécurité sociale, le plafond s'entend annuellement soit pour 1998 : 169 080 F.

B. Exemple de bulletin de paie d'un non-cadre

identité de l'employeur	BULLETIN DE PAIE Période du 01/01/98 au 31/01/98

identité du salarié	Libellé	base	taux ou %	total
	Salaire de base forfait journée	169		13 000,00 F
		SALAIRE BRUT		13 000,00 F

COTISATIONS	BASE	Tx sal	Cotisations salariales	Tx pat	Cotisations patronales
C.S.G imposable	12350	2,40%	296,40 F		
C.S.G déductible	12350	5,10%	629,85 F		
C.R.D.S	12350	0,50%	61,75 F		
MALADIE VEUVAGE	13000	0,85%	110,50 F	12,80%	1664,00 F
VIEILLESSE PLAFONNÉE	13000	6,55%	851,50 F	8,20%	1066,00 F
VIEILLESSE DÉPLAFONNÉE	13000	-	-	1,60%	208,00 F
ACCIDENT DU TRAVAIL	13000	-	-	2,00%	260,00 F
ALLOCATIONS FAMILIALES	13000	-	-	5,40%	702,00 F
RETRAITE COMPLÉMENTAIRE	13000	2,75%	357,50 F	4,12%	536,25 F
ASSURANCE CHÔMAGE + ASF	13000	3,01%	391,30 F	5,13%	666,90 F
F.N.A.L	13000	-	-	0,50%	65,00 F
TAXE TRANSPORT	13000	-	-	2,50%	325,00 F
FNGS	13000	-	-	0,25%	32,50 F
TOTAL RETENUES			2698,80 F		5525,65 F
SALAIRE NET			10301,20 F		
SALAIRE IMPOSABLE			10659,35 F		

Remarque : le calcul de la cotisation de retraite complémentaire a été fait au taux minimal obligatoire.

C. Exemple de bulletin de paie d'un cadre

identité de l'employeur	BULLETIN DE PAIE Période du 01/01/98 au 31/01/98

identité du salarié

Libellé	base	taux ou %	total
Salaire de base forfait journée	169		19 000,00 F
SALAIRE BRUT			**19 000,00 F**

COTISATIONS	BASE	Tx sal	Cotisations salariales	Tx pat	Cotisations patronales
C.S.G imposable [3]	18250,78	2,40%	438,02 F		
C.S.G déductible [3]	18250,78	5,10%	930,79 F		
C.R.D.S [3]	18250,78	0,50%	91,25 F		
MALADIE VEUVAGE	19000	0,85%	161,50 F	12,80%	2432,00 F
VIEILLESSE PLAFONNÉE	14090	6,55%	922,89 F	8,20%	1155,38 F
VIEILLESSE DÉPLAFONNÉE	19000	-	-	1,60%	304,00 F
ACCIDENT DU TRAVAIL	19000	-	-	2,00%	380,00 F
ALLOCATIONS FAMILIALES	19000	-	-	5,40%	1026,00 F
ASSURANCE CHÔMAGE + ASF TA	14090	3,01%	424,11 F	5,13%	722,82 F
ASSURANCE CHÔMAGE + ASF TB	4910	3,60%	176,76 F	5,26%	258,27 F
RETRAITE COMPLÉMENTAIRE TA [2]	14090	2,75%	387,48 F	4,125%	581,21 F
RETRAITE COMPLÉMENTAIRE TP [1]	4910	6,899%	338,74 F	11,911%	584,83 F
CET	19000	0,05%	9,50 F	0,09%	17,10 F
PRÉVOYANCE TA	14090	-	-	1,50%	211,35 F
TAUX PRÉVOYANCE	211,35			8,00%	16,91 F
TAXE TRANSPORT	19000	-	-	2,50%	475,00 F
FNAL TA	14090	-	-	0,10%	14,09 F
FNAL SUR BRUT	19000	-	-	0,40%	76,00 F
FNGS	19000			0,25%	47,50 F
TOTAL RETENUES			**3881,04 F**		**8302,45 F**
SALAIRE NET			**15118,96 F**		
SALAIRE IMPOSABLE			15648,23 F		

(1) Taux minimal obligatoire.

(2) Assiette minimale obligatoire, y compris cotisation APEC.

(3) Assiette = (brut + cotisation patronale de prévoyance) x 0,95.

6 La comptabilisation des paies

A. Les comptes utilisés

Comptes de charges

641 Rémunérations du personnel
- 6411 Salaires, appointements, commissions de base
- 6412 Congés payés
- 6413 Primes et gratifications
- 6414 Indemnités et avantages divers

645 Charges de sécurité sociale et de prévoyance
- 6451 Cotisations à l'URSSAF
- 6452 Cotisations aux mutuelles
- 6453 Cotisations aux caisses de retraites
- 6454 Cotisations aux ASSEDIC
- 6458 Cotisations aux autres organismes sociaux

Comptes de tiers

42 Personnel et comptes rattachés
- 421 Personnel – rémunérations dues
- 425 Personnel – avances et acomptes
- 427 Personnel – oppositions

43 Sécurité sociale et autres organismes sociaux
- 431 Sécurité sociale
- 437 Autres organismes sociaux (à détailler)

A savoir :

- Sécurité sociale = URSSAF = Union de recouvrement des cotisations de sécurité sociale et d'allocations familiales.
- Assurance chômage = ASSEDIC = Association pour l'emploi dans l'industrie et le commerce.
- APEC = Association pour l'emploi des cadres.
- ARRCO = Association des régimes de retraites complémentaires.
- AGIRC = Association générale des institutions des retraites des cadres.

B. La comptabilisation

Tableau synthétique de comptabilisation

	Opération	Date	Comptes débités	Comptes crédités	Explication
①	Versement d'un acompte		425	512	
②	Établissement des salaires	Fin de mois			
1	Comptabilisation des bruts	Idem	641	421	Naissance de la dette majorée des cotisations
2	Comptabilisation des retenues	Idem	421	431 437… 425 427	Dette pour cotisations salariales
3	Comptabilisation des charges patronales	Idem	645	431 437…	Dette pour cotisations patronales
③	Paiement des salaires nets	Date de paiement	421	512	Extinction de la dette envers les salariés
④	Paiement des cotisations salariales et patronales	Date de paiement : en général le 15 de chaque trimestre	431 437…	512	Extinction de la dette envers les organismes sociaux

Chapitre 8
La trésorerie Règlements, encaissements, états de rapprochement

1 Règlements – Encaissements

A. La caisse

Le livre de caisse ne doit représenter que des espèces ; chacun des mouvements fait l'objet d'une pièce de caisse (reçu ou facture).

Le compte 53 « Caisse » est débité du montant des espèces encaissées par l'entreprise.

Il est crédité du montant des espèces décaissées.

Son solde est toujours débiteur ou nul.

L'existence d'un compte caisse créditeur constitue une présomption d'irrégularité de la comptabilité.

Exemple :

Paiement par caisse de fournitures administratives à la société A :

montant HT : 250 F ; TVA (20,6 %) : 51,50 F ; montant TTC : 301,50 F.

– Comptabilisation directe (règlement comptant)

		Débit	Crédit
606400	Fournitures administratives	250	
445660	TVA déductible	51,50	
530000	Caisse		301,50

– Comptabilisation avec le compte de tiers (règlement à crédit)

401000	Fournisseurs	301,50	
530000	Caisse		301,50

B. Les comptes bancaires ou postaux

« *Toute personne physique ou morale ayant la qualité de commerçant et assujettie à se faire immatriculer au registre du commerce est tenue d'ouvrir un compte dans une banque, un établissement de crédit ou un bureau de chèques postaux* » (Loi du 22 octobre 1940 art. 6).

Le compte 512 « Banque » ou 514 « Chèques postaux » est *débité* du montant des chèques, effets, virements *remis* et *crédité* du montant des chèques, effets, virements *échus*. La contre-partie est soit le compte de tiers concerné soit le compte de charges ou produits.

Il est possible de transiter par le compte 5112 « Chèques à encaisser ». La comptabilisation est alors la suivante (mêmes données que dans l'exemple ci-dessus consacré à la caisse).

		Débit	Crédit
401000	Fournisseurs	301,50	
511200	Chèques à encaisser		301,50
511200	Chèques à encaisser	301,50	
512000	Banque		301,50

En France, le délai de validité du chèque est de 1 an et 8 jours.

Un commerçant a le droit de refuser le paiement par chèque, sauf s'il adhère à un centre de gestion agréé.

Le défaut de provision

En ce cas, la banque transmet à l'entreprise une attestation de rejet et adresse une lettre d'injonction au tireur, qui doit régulariser sa situation dans les 30 jours.

Si la régularisation n'a pas lieu dans ce délai, la banque déclare l'incident auprès de la Banque de France et envoie un certificat de non-paiement au bénéficiaire. La signification par huissier au tireur lui permet de disposer encore d'un délai de 20 jours. Passé ce délai, le bénéficiaire pourra entamer une procédure.

Les garanties particulières

- ***Le chèque visé :*** au jour de l'apposition du visa par la banque, la provision est disponible.
- ***Le chèque de banque*** : chèque de caisse émis par la banque du tireur au bénéficiaire. La banque prélève ensuite le montant correspondant sur le compte de son client.
- ***Le chèque certifié*** : la banque appose un cachet sur le chèque dont le montant est connu. La provision correspondante est alors bloquée pendant huit jours.

Les conditions bancaires

La pratique bancaire introduit des décalages entre la date de la remise et la date d'opération sur le compte par le mécanisme des « dates de valeur ». Elles varient d'un établissement bancaire à l'autre et sont généralement négociables.

Exemples de dates de valeur :

- retrait d'espèces : date d'opération – 1 jour calendaire.
- virement d'espèces : date d'opération + 1 jour calendaire.
- chèque sur place : date de réception + 2 jours ouvrés.

Ainsi, la remise de chèques du vendredi en banque sera créditée le mercredi suivant sur le compte ; le retrait d'espèces le dimanche sera débité le samedi sur le compte.

Pour déterminer correctement la date de valeur relative à une opération, il est nécessaire de connaître « l'heure de caisse » (qui marque la fin de la journée bancaire, généralement 15 heures).

2 Contrôle des comptes

A. Le compte caisse

Des contrôles de caisse périodiques (comptage ou inventaire) permettent de s'assurer que le solde du livre de caisse correspond aux espèces détenues.

B. Le compte de banque

L'entreprise doit s'assurer périodiquement que les soldes apparaissant dans ses comptes sont en conformité avec les relevés bancaires, à l'exception des chevauchements qui doivent alors être expliqués. On procède ensuite à l'établissement de l'état de rapprochement. L'état de rapprochement a pour objectif d'expliquer de façon chiffrée la différence existant entre le compte « Banque » dans la comptabilité de la société et le compte de l'entreprise dans les livres de la banque ; il permet donc de vérifier que tous les mouvements ont bien été enregistrés en comptabilité.

Attention : la comptabilité de l'entreprise et celle de l'établissement bancaire sont réciproques. Ce qui est crédité dans l'entreprise est débité auprès de la banque (et inversement).

Exemple :

Relevé BNP au 15 juin 19/N	Débit	Crédit
Solde au 31/05		9 121
Chèque 315	256	
Remises de chèques		5 520
Chèque 318	512	
Chèque 320	738	
Remises de chèques		625
Agios 15/06	225	
Chèque revenu impayé	530	
Frais d'impayé	36	
Solde au 15/06		12 969

Extrait du compte 512100 BNP de l'entreprise

	Débit	Crédit
Solde au 31/05	12 720	
Agios 15/05		225
Chèque 316		12 100
Chèque 317		225
Chèque 318		512
Chèque 319		613
Chèque 320		738
Remises de chèques	625	
Remises de chèques	15 132	
Remises d'effets	7 251	
Solde au 15/06	21 315	

État de rapprochement au 31/05/19N	BNP		Compte 512	
	Débit	Crédit	Débit	Crédit
Solde au 31/05		9 121	12 720	
Chèque 312 non débité	3 500			
Chèque 315 non débité	256			
Remises de chèques non créditées		5 520		
Agios 15/05 non comptabilisés				225
Remises d'effets non créditées		1 610		
Solde au 31/05		12 495	12 495	

Afin d'établir l'état de rapprochement au 15 juin, il est nécessaire de pointer les écritures du relevé de la BNP avec la comptabilité (du mois de juin) et l'état de rapprochement ayant été fait au 31 mai.

Les montants non comptabilisés figurant sur l'état de rapprochement précédent doivent être pointés avec l'extrait de compte 512 de la comptabilité.

État de rapprochement au 15/06/19N	BNP		Compte 512	
	Débit	Crédit	Débit	Crédit
Solde au 15/06		12 969	21 315	
Chèque 312 non débité	3 500			
Chèque 316 non débité	12 100			
Chèque 317 non débité	225			
Chèque 319 non débité	613			
Remises de chèques non créditées		15 132		
Agios 15/06 non comptabilisés				225
Chèque impayé				530
Frais				36
Remises d'effets		7 251		
Remises d'effets non créditées		1 610		
Solde au 15/06		20 524	20 524	

Enfin, il convient de passer les écritures comptables des éléments portés sur le relevé bancaire et non pris en compte par l'entreprise (agios, chèques sans provision, etc), par l'intermédiaire du compte 512.

Conseils pour l'examen

Lors de l'examen, la difficulté la plus souvent rencontrée est de comprendre correctement l'énoncé. Ce type d'exercice peut en effet être présenté sous différentes formes :

- énumération de pièces non pointées : la difficulté réside dans la bonne compréhension des informations pour savoir si les sommes sont à placer au débit ou au crédit du compte concerné ;
- présentation de pièces comptables, journal de banque et relevé de compte à pointer sans piège particulier : les soldes de départ et de fin, ainsi que leur nature (débiteur ou créditeur) sont clairement indiqués ;
- présentation de pièces comptables à pointer, contenant de nombreux pièges ; les plus fréquents sont :
  - différence des dates de soldes : il faut alors recalculer un des deux soldes pour le rapprocher du second ;
  - soldes non calculés : il faut les reconstituer à partir des mouvements ;
  - nature du solde non indiquée ou présentée de manière à induire en erreur (solde débiteur porté en colonne crédit, par exemple).

Dans tous les cas, il est nécessaire :

- de prendre connaissance de toutes les informations de l'énoncé,
- de procéder à un pointage rigoureux des données ;
- de ne pas chercher à appliquer une méthode unique mais d'adapter sa technique de travail à la forme et au contenu de l'énoncé.

Chapitre 9

Les moyens de paiement à crédit : les effets de commerce, la mobilisation de créances, la cession de créances professionnelles

1 Les effets de commerce

Les effets de commerce permettent le règlement à crédit d'une dette commerciale. L'effet de commerce est défini en droit commercial de la façon suivante : « *Titre négociable qui constate l'existence au profit du porteur d'une créance à court terme et sert à son paiement* ».

On distingue :

- la lettre de change ou traite ;
- la LCR (lettre de change relevé) ;
- la LCR magnétique ;
- le billet à ordre ;
- le warrant.

A. Définitions

1) Lettre de change (LDC)

C'est un document commercial par lequel une personne dénommée ***le tireur*** (fournisseur, créancier) donne l'ordre à une autre personne dénommée ***le tiré*** (client, débiteur) de payer une somme à une date fixée, l'échéance : ***c'est un ordre de payer.***

2) Lettre de change - relevé LCR (papier et magnétique)

Procédé selon lequel les lettres de change ne circulent plus entre les banques que sous forme magnétique. Toutefois au moment du paiement, un relevé est adressé au client qui peut ainsi vérifier la régularité des opérations. La lettre de change relevé peut être émise sur papier ou sur bande magnétique.

3) Billet à ordre (BAO)

C'est un document par lequel une personne dénommée ***le souscripteur*** (client, débiteur) s'engage à payer à une autre personne dénommée ***le bénéficiaire*** (fournisseur, créancier) une somme à une date appelée l'échéance : ***c'est un engagement de payer.***

4) Warrant (W)

C'est un billet à ordre souscrit par un commerçant et garanti par des marchandises déposées dans un magasin ou qu'il s'engage à conserver chez lui.

Le warrant est assorti d'un récépissé-warrant (qui transfert la propriété des marchandises).

5) Domiciliation

C'est le lieu de paiement de l'effet.

Remarque : les effets de commerce sont comptabilisés de la même façon, peu importe qu'il s'agisse de LDC, LCR, BAO ou de warrant.

B. Circulation des effets

Les effets constituent, pour leurs détenteurs (tireurs ou bénéficiaires) un moyen de financement fort utilisé.

La création d'un effet de commerce transforme une créance ordinaire en un moyen de règlement.

L'effet de commerce peut, ***avant l'arrivée de son échéance***, être :
- ***endossé*** au profit d'un tiers (fournisseur du tireur ou bénéficiaire) ;
- ***escompté***, c'est-à-dire négocié, auprès d'une banque.

Le principe étant que le règlement final de l'effet est effectué par le tiré ou souscripteur, une difficulté de règlement de celui-ci, ***effet impayé***, se traduira par la reconversion de la créance en créance ordinaire selon diverses modalités.

C. Comptabilisation des effets de commerce

On peut distinguer 4 étapes principales relatives aux paiements par effet :
- étape 1 : naissance de la créance (facturation),
- étape 2 : création de l'effet,
- étape 3 : circulation de l'effet avant son échéance : endossement ou escompte (étape facultative),
- étape 4 : encaissement de l'effet à son échéance,
- étape 4 bis : nouvel enregistrement de la créance en cas d'impayé de l'effet.

Exemple : Schéma de la comptabilisation chez le fournisseur

Facture de 15000 F HT réglée par effet (TVA : 20,6 %)

Comptes spécifiques utilisés : 413 « Clients, effets à recevoir » ; 5114 « Effets remis à l'escompte » ; 5113 « Effets remis à l'encaissement ».

- ***Hypothèse 1 :*** endossement au profit d'un fournisseur en règlement partiel d'une dette de 24120 F.

Étape 1	411 Client		707 Ventes		44571 T V A col.	
	18 090			15 000		3 090
Étape 2	413 Clt E A R		411 Client			
	18 090		*18 090*	18 090		
			soldé			
Étape 3	413 Clt E A R		401 F R S		512 Banque	
	18 090	18 090	18 090 6 030	24 120		6 030
	soldé		*soldé*			

– ***Hypothèse 2 :*** escompte auprès d'une banque

Les étapes 1 et 2 sont identiques à celles de l'hypothèse 1 ; on a donc débité le compte 413.

413 Clt E A R	
18 090	

Étape 3 : remise à l'escompte

413 Clt E A R	
18 090	18 090
soldé	

5114 Effet remis à l'escompte	
18 090	

Crédit de la banque avec agios

512 Banque	
17 776,44	

6616 Escompte	
271,35	

627 Services bancaires	
35	

44566 T V A déd.	
7,21	

5114 Effet remis à l'escompte	
18 090	18 090
soldé	

Avec bordereau d'escompte :

BANQUE NATIONALE		
Nominal de l'effet :	18 090 F	
Date remise : 10/05/N		
Date échéance : 15/06/N		
• Escompte : taux annuel 15 % :	271,35 F	(1)
• Commission bancaire :	35 F	
• TVA / commission (20,6 %) :	7,21 F	
Total agios :	313,56 F	
TOTAL PORTÉ EN COMPTE :	17 776,44 F	

(1) $= 18\,090 \times \frac{0{,}15}{360} \times 36$

Remarque : deux principes sont généralement retenus pour le calcul de l'escompte :

– le taux annuel est journalisé sur la base d'une année bancaire de 360 jours ;

– le nombre de jours pris en référence correspond au nombre de jours exacts de la période qui s'écoule entre la date de remise et celle de l'échéance.

Ici : 21 jours en mai (31 – 10)

et 15 jours en juin

soit : 36 jours.

Conseils pour l'examen

Le barème de correction peut prévoir un calcul différent à un ou deux jours près selon qu'il inclut ou non les jours qui bornent la période. Il est donc fortement recommandé d'indiquer en regard de votre écriture le ***détail exact de vos calculs***.

– ***Hypothèse 3 :*** à l'échéance, remise à l'encaissement, sans incident de paiement.

Les étapes 1 et 2 son identiques à celle de l'hypothèse 1. L'étape 3 n'a pas été effectuée, l'effet n'ayant pas été escompté ou endossé.

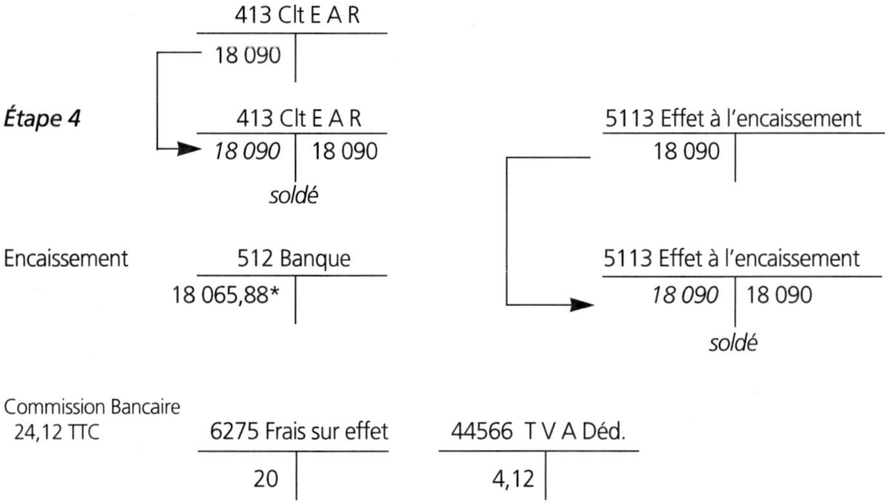

* : 18 090 – 24,12.

Étape 4 bis : comptabilisation des difficultés de paiement et du renouvellement d'effet

2 hypothèses sont envisageables :

– ***Hypothèse 1 :*** le client informe son fournisseur de son impossibilité de faire face au paiement de l'effet. Le fournisseur peut procéder à une avance de fonds pour couverture de l'effet et renouvelle l'effet correspondant au nominal du premier effet majoré d'intérêts de retard TTC.

Remarque : les intérêts de retard sont calculés sur la période qui s'écoule entre la date d'échéance du premier effet et celle du nouvel effet.

Exemple :

– Vente de marchandises pour 30 000 F HT le 17/04/N.

– Effet tiré le 24/04/N, échéance au 31/05/N.

– Le 20/05/N, le fournisseur, informé par son client de difficultés temporaires de paiement, adresse un chèque pour couverture de l'effet et tire une nouvelle LCR au 31/07/N. Intérêt de retard : 16 % l'an + TVA à 20,6 %.

– Le 25/05/N : remise à l'encaissement du premier effet.

– Le 31/05/N, la banque débite l'effet échu.

– Le 25/07/N : remise à l'encaissement du second effet.

– Le 03/08/N : le fournisseur reçoit le bordereau correspondant au paiement du deuxième effet (commission bancaire sur encaissement d'effet : 20 F HT).

• *Écritures chez le fournisseur*

	17/04/N		
411	Clients	36 180	
707	Ventes de marchandises		30 000
44571	TVA collectée		6 180
	24/04/N		
413	Clients – effet à recevoir (n° 1)	36 180	
411	Clients		36 180
	20/05/N		
411	Clients	36 180	
512	Banque		36 180
	20/05/N		
413	Clients effet à recevoir (n° 2)	37 362,94	
411	Clients		36 180
763	Revenus des autres créances (1)		980,88
44571	TVA collectée		202,06
	(1) 36 180 x 61/360 x 0,16		
	25/05/N		
5113	Effet remis à l'encaissement	36 180	
413	Effet à recevoir (n° 1)		36 180
	31/05/N		
512	Banque	36 155,88	
627	Services bancaires et assimilés	20	
44566	TVA déductible	4,12	
5113	Effet remis à l'encaissement (n° 1)		36 180
	25/07/N		
5113	Effet remis à l'encaissement	37 362,94	
413	Effet à recevoir (n° 2)		37 362,94
	03/08/N		
512	Banque	37 338,82	
627	Services bancaires et assimilés	20	
44566	TVA déductible	4,12	
5113	Effet remis à l'encaissement (n° 2)		37 362,94

• *Écritures chez le client*

	17/04 N		
607	Achats de marchandises	30 000	
44566	TVA déductible	6 180	
401	Fournisseurs		36 180
	24/04/N		
401	Fournisseurs	36 180	
403	Effet à payer		36 180
	20/05/N		
512	Banque	36 180	
401	Fournisseurs		36 180
	31/05/N		
403	Effet à recevoir	36 180	
512	Banque		36 180
	20/05/N		
401	Fournisseurs	37 362,94	
403	Effets à payer		37 362,94
	03/08/N		
403	Effets à payer	37 362,94	
512	Banque		37 362,94

– ***Hypothèse 2 :*** le client ne demande pas d'avance de fonds à son fournisseur ; l'effet sera donc présenté et reviendra impayé. Cet effet sera donc renouvelé avec intérêts de retard.

Exemple (similaire au précédent) :

– Vente de marchandises pour 30 000 F le 17/04/N.

– Effet tiré le 24/04/N, échéance le 31/05/N.

– Remise à l'encaissement le 25/05/N.

– Le 31/05/N, la banque adresse un avis d'impayé et facture 20 F HT de frais d'encaissement et 250 F HT de frais d'impayé (que nous répercutons sur notre client).

– Le 02/06/N, le fournisseur tire un nouvel effet au 31/07/N. Intérêts de retard : 16 % l'an + TVA à 20,6 %.

– Le 25/07/N, remise à l'encaissement du second effet.

– Le 03/07/N, le fournisseur reçoit le bordereau d'encaissement de sa banque (commission bancaire sur encaissement : 20 F HT).

	17/04 N		
411	Clients	36 180	
707	Ventes de marchandises		30 000
44571	TVA collectée		6 180

	24/04/N		
413	Clients - effets à recevoir (n° 1)	36 180	
411	Clients		36 180
	25/05/N		
5113	Effet remis à l'encaissement	36 180	
413	Effet à recevoir (n° 1)		36 180
	31/05/N		
411	Clients (1)	36 430	
627	Services bancaires et assimilés	20	
44566	TVA déductible (2)	55,62	
5113	Effet remis à l'encaissement		36 180
512	Banque (3)		325,62

(1) 36 180 + 250
(2) (20 + 250) 0,206
(3) (20 + 250) 1,206

	02/06/N		
413	Clients effet à recevoir (n° 2)	37 622,10	
411	Clients		36 430
763	Revenus des autres créances (1)		988,47
44571	TVA collectée		23,63
	(1) 36 430 x 61/360 x 0,16		
	25/07/N		
5113	Effets remis à l'encaissement	37 622,10	
413	Clients effets à recevoir (n° 2)		37 622,10
	03/08/N		
512	Banque	37 598,98	
627	Service bancaire et assimilés	20	
44566	TVA déductible	4,12	
5113	Effets remis à l'encaissement (n° 2)		37 622,10

• *Écritures chez le fournisseur*

2 Le crédit de mobilisation de créances commerciales (CMCC)

A. Définition

L'entreprise peut acquérir un crédit représenté par un encours (ou montant plafond de crédit) sur présentation à sa banque d'un dossier indiquant l'importance du chiffre d'affaires et les délais de paiement accordés à ses clients. L'encours accordé par la banque est garanti par le dossier présenté. Il est matérialisé par un billet à ordre du montant plafond et est régulièrement renouvelé à son échéance.

512	Banque	123 879,40	
627	Services bancaires	100,00	
44566	TVA déductible	20,60	
66	Charges financières	16 000,00	
519	Crédit de mobilisation de créances commerciales		140 000

512	Banque	140 000	
411	Clients		140 000
519	Crédit de mobilisation de créances commerciales	140 000	
512	Banque		140 000

B. Schéma comptable

Lors de l'ouverture du crédit : encours de 140 000 F :

Au moment du paiement par les clients :

3 La cession de créances professionnelles - Loi Dailly

A. Définition

L'entreprise cède à son banquier certaines de ses créances-clients en renseignant un bordereau de cession de créances professionnelles. Cette technique est assimilable à l'escompte ; mais le banquier, après avoir crédité le compte

512	Banque	99 340	
66	Charges d'intérêts	660	
4116	Clients – créances cédées		100 000

4116	Clients – créances cédées	100 000	
411	Clients		100 000

clients pour la valeur nominale des créances, débitera à chaque fin de mois les agios correspondant.

Chapitre 10
Les emballages

1 Définitions

A. Les emballages

Les emballages ne sont pas définis directement par le PCG. On a toutefois proposé des définitions distinguant 2 principales catégories d'emballages :

- ***le matériel d'emballage*** : matériel (réservé au logement ou au conditionnement des matières, produits, marchandises manutentionnées dans l'entreprise) qui reste à la disposition de celle-ci pour ses besoins internes et qui n'est pas destiné à être livré aux clients ; il ne fait donc pas l'objet de consignation et son traitement comptable est celui des immobilisations (classement comptable : 21546) ;
- ***les emballages*** : objets destinés à contenir les produits ou marchandises livrés à la clientèle en même temps que leur contenu.

Pour cette deuxième catégorie, on distingue la nomenclature suivante :

1) les emballages perdus : il s'agit des emballages de faible valeur unitaire ; ils ne sont pas facturés de façon individuelle aux clients. Leur valeur (grâce à la comptabilité analytique notamment) est répercutée directement sur le prix de vente des produits ou marchandises vendues. Il n'y a donc pas d'écriture comptable particulière les concernant hormis :

– leur achat :	compte 60261 « Emballages perdus »
– leur inventaire à la clôture :	compte 3261 « Stocks d'emballages perdus »
– ou plus simplement :	compte 486 « Charges constatées d'avance »

2) les emballages récupérables : ils peuvent être utilisés pour plusieurs livraisons ; ceux-ci seront « prêtés » aux clients grâce au mécanisme de la consignation. Parmi les emballages récupérables, on distingue ceux qui sont identifiables (en général de valeur importante) ou non identifiables :

- *les emballages récupérables identifiables* seront comptabilisés en immobilisations et feront l'objet de dotations aux amortissements ;
- *les emballages récupérables non identifiables* seront stockés en tant qu'approvisionnements et l'on pourra constater des provisions pour dépréciation.

B. La consignation des emballages récupérables identifiables ou non

La consignation est la somme que le fournisseur demande en contrepartie du prêt d'emballages et qu'il s'engage à rembourser lors de leur retour.

Le contrat « tacite » de consignation est défini par la doctrine sous le double aspect d'un prêt à usage et d'un gage sur espèces au profit du prêteur ; autrement dit, il se définit comme un prêt à usage assorti d'un dépôt de fonds de garantie.

En conséquence, le prêteur reste propriétaire des biens mis en consignation ; il devra donc présenter ces biens à l'actif de son bilan.

De plus, ce contrat comporte un aléa lié à la restitution des biens. Il faudra donc distinguer en comptabilité selon que l'aléa se réalise ou non (restitution ou vente définitive).

2 Méthodologie et comptabilisation de la consignation

Les problématiques liées à la comptabilisation sont de plusieurs natures :

- difficultés de distinguer les créances et dettes, monétaires et réelles (du fait de la nature particulière du contrat) ;
- multitude des situations possibles donc des schémas comptables ;
- problème fiscal de calcul de la TVA en cas de vente, mais aussi de déconsignation à un prix différent du prix de consignation.

Nous proposons ici un schéma de solution.

A. Rappel des comptes utilisés

Classe 4	4096	Fournisseurs – créances pour emballages et matériel à rendre
	4196	Clients – dettes pour emballages et matériel consignés
Classe 6	6026	Achats d'emballages
	60265	Achats d'emballages récupérables non identifiables
	60267	Achats d'emballages à usage mixte
	6136	Mali sur emballages
	6718	Autres charges exceptionnelles (pour les mises au rebut d'emballages consignés achetés)
Classe 7	7086	Boni sur reprise d'emballages consignés
	70886	Produits divers (ventes d'emballages récupérables)

B. Schéma synthétique de comptabilisation

Opération	Écriture chez le fournisseur		Écriture chez chez le client		Montant et calculs	Explication
	Débit	Crédit	Débit	Crédit		
Consignation d'emballages	411	4196	4096	401	= PC x Q = PC x Q	Pas de prise en compte de la TVA
Restitution des emballages consignés						
1. Au prix de consignation	4196	411	401	4096	= PC x Q = PC x Q	La déconsignation s'effectue HT
2. A un prix de reprise (PR) inférieur au PC	4196	7086 44571 411	6136 44566 401	4096	= PC x Q = PC – PR = (PC – PR) x 0,206 = Solde = 1,206 PR – 0,206 PC = PC x Q	Ordre de calcul : boni, TVA et client
Non restitution : achat, vente						
1. Emballages non identifiables	4196	70886 44571	60265 44566	4096	= PC x Q = (PQ x Q)/1,206 = ((PC x Q)/1,206) x 0,206 = PC x Q	Dans ce cas, le PC est TTC
2. Emballages identifiables Au moment de la cession	411 4196	775 44571			= (PC x Q)/0,206 = PC x Q = PC x Q = (PC x Q)/0,206	Dans ce cas, le PC est HT
			2186 44562	404	= HT = TVA = TTC	Écriture classique
A l'inventaire	681	28186			Selon taux d'amortissement	Dotation complémentaire
	675 28186	2186			Selon plan d'amortissement	Sortie de l'immobilisation

Avec : Q = Quantité ; PC = Prix de consignation ; PR = Prix de reprise, quand PR < PC. Les comptes 4096 et 4196 sont toujours mouvementés au PC.

C. Explications relatives à la comptabilisation de la consignation

Les écritures chez le client et le fournisseur étant réciproques, nous n'illustrerons ici le raisonnement que du point de vue du fournisseur.

Au moment de la consignation, on enregistre à la fois une créance (en 411) et une dette (en 4196). Elles ne sont pas exactement de même nature :

- la créance est une créance réelle, c'est-à-dire matérielle, elle concerne l'attente de la restitution des emballages ;
- la dette est une dette monétaire (remboursement de la consigne) aléatoire (pour restitution des emballages).

En cas de restitution et de prix de reprise inférieur au prix de consignation, la créance réelle disparaît ainsi que la première dette monétaire pour laisser place à une nouvelle dette monétaire correspondant au prix de consignation diminué du boni TTC.

On peut schématiser les flux monétaires au sein d'un compte en T fictif : « 41 Clients créances et dettes monétaires » fictif.

Exemple :

Prix de consignation : 130 F (PC)

Prix de reprise : 106,28 F (PR)

d'où boni (HT) : 130 – 106,28 = 23,72 F

et TVA sur boni : 23,72 x 0,206 = 4,89 F

d'où boni TTC : 28,61

d'où dette pour emballage rendu : 130 – 28,61 = 101,39.

Remarque : pour calculer la dette finale envers le client, on peut utiliser la formule suivante :

$$411 = 1{,}206\ PR - 0{,}206\ PC$$

ce qui donne bien ici : (1,206 x 106,28) – (0,206 x 130) = 101,39 F.
Compte en T fictif :

« 41 Clients créances et dettes monétaires » fictif

Commentaire	Débit	Crédit	Commentaire
		130	→ Dette/consignation Crédit du 4196
Réduction de la dette = rétention du boni TTC → pas d'écriture directe en 411	28,61		
	Solde créditeur	101,39	Dette finale → Crédit du 411

3 Les emballages à l'inventaire

Les emballages, qu'ils soient immobilisés ou stockés, consignés ou non, sont propriété de l'entreprise. Ils doivent donc figurer à l'actif du bilan.

Pour évaluer les emballages, il convient de respecter les principes généraux relatifs à l'évaluation des stocks ou des immobilisations financières (cf. chap. 11 et 15).

Ceci implique un suivi quantitatif des mouvements des emballages en magasin et en consignation, même si celui-ci ne fait l'objet d'aucune prescription légale.

Ce suivi peut être effectué au moyen d'une fiche de stocks particulière distinguant les emballages en magasin et les emballages consignés.

Exemple :

Date	Mouvement	Quantité	
1/01	Stock initial	624	dont 224 chez le client
15/03	Achats	30	
1/04	Consignation	24	
20/05	Retour	20	
25/05	Consignation	42	
30/06	Consignation	18	
15/07	Vente	14	(d'emballages en consignation)
28/07	Consignation	38	
14/08	Retour	24	
1/09	Consignation	24	
30/10	Achats	20	
15/12	Retour	24	

(cf. tableau page suivante)

Évidemment ce stock final sera valorisé soit en FIFO soit en CMUP et peut faire l'objet d'une provision pour dépréciation.

Date	Libellé	En magasin			Consignes			Effet/stock	Stock total
		Entrée	Sortie	Stock	Entrée	Sortie	Stock		
1/01	S.I.			400			224		624
15/03	Achat	30		430			224	30	654
1/04	Consignation		24	406	24		248		654
20/05	Retour	20		426		20	228		654
25/05	Consignation		42	384	42		270		654
30/06	Consignation		18	366	18		288		654
15/07	Vente			366		14	274	— 14	640
28/07	Consignation		38	328	38		312		640
14/08	Retour	24		352		24	288		640
1/09	Consignation		24	328	24		312		640
30/10	Achat	20		348			312	20	660
15/12	Retour	24		372		24	288		660
31/12	S.F.			372			288		660

Chapitre 11
Les stocks : inventaire, évaluation et comptabilisation

Les stocks sont des éléments du patrimoine de l'entreprise présentés au bilan dans les actifs circulants ; ils sont appelés à circuler au cours de l'activité de l'entreprise selon le cycle classique :

achats ➝ stocks ➝ ventes ➝ créances clients ➝ trésorerie.

1 Définitions et classifications comptables

Le Plan comptable général les définit comme : « *l'ensemble des biens ou des services qui interviennent dans le cycle d'exploitation de l'entreprise pour être :*

– soit vendus en l'état ou au terme d'un processus de production à venir ou en cours,

– soit consommés au premier usage ».

La classification du Plan Comptable met en évidence 4 natures principales de stocks que l'on peut regrouper en 2 catégories selon les 2 activités possibles que peut exercer une entreprise à savoir :

– activité commerciale : achat pour la revente en l'état (sans transformation) ;

– activité industrielle de production, de transformation.

A. Les stocks des entreprises commerciales

Ils sont essentiellement constitués du compte 37 « Stocks de marchandises ».

Remarquez l'utilisation du chiffre 7 en seconde position du compte rappelant le 7 du compte **707** « Ventes de marchandises ». Évidemment le plan comptable de l'entreprise peut prévoir autant de subdivisions qu'il est souhaitable pour isoler ces différentes marchandises et ce, même si la liste des comptes du PCG ne propose que 2 sous – comptes **371 et 372** (« Marchandises du groupe A et Marchandises du groupe B »).

B. Les stocks des entreprises industrielles

Le PCG respecte les **3 phases** principales du cycle de production.

1) Entrée des matières premières et autres approvisionnements (comptes 31 et 32)

Les différentes matières premières peuvent être enregistrées dans des sous - comptes. Les autres approvisionnements regroupent :

– les matières consommables **(321)** ;

– les fournitures consommables **(322)** ;

– les emballages **(326)**.

Remarque : parmi ces fournitures, on distingue : les combustibles, les produits d'entretien, les fournitures d'atelier, les fournitures de magasin et les fournitures de bureau. Il faut noter que l'utilisation, à notre avis, des comptes de stocks concernant certains de ces éléments, notamment les combustibles et les fournitures de bureau, n'est pertinente que si ces biens sont utilisés et stockés en grande quantité par l'entreprise.

Conseils pour l'examen : lors de l'achat de ces fournitures, utiliser les comptes 602 « Achats stockés – autres approvisionnements » (60221. Combustibles ; 60225. Fournitures de bureau,...) ***uniquement*** si l'énoncé précise que l'entreprise « stocke » ces fournitures ; sinon, les imputer aux comptes 606 « Achats non stockés de matières et fournitures » (6061. Fournitures non-stockables eau – énergie... ; 6064. Fournitures administratives).

2) Participation des matières premières et des approvisionnements au processus de production (33)

Au moment de l'inventaire du stock, certaines fabrications sont inachevées, on parle de production en cours. **Les encours de production** sont enregistrés au compte 33.

Le PCG distingue les « **Produits en cours** » **(331)** et les « **Travaux en cours** » **(335)** :

Enfin, certaines entreprises de prestations de services, même si elles ne sont pas à proprement parler des entreprises industrielles, peuvent, notamment lorsque l'exécution de leurs contrats s'étale dans le temps, valoriser et comptabiliser **des « Encours de production de services (34)** » afin de rattacher aux frais engagés (principalement de personnel ou d'honoraires) les prestations de services partiellement effectuées.

3) Aboutissement de la production : les stocks de produits (35)

Il s'agit principalement des « **Stocks de produits finis** » **(355)**, c'est-à-dire les produits qui ont atteint un stade d'achèvement définitif dans le cycle d'exploitation de l'entreprise concernée.

Il s'agit également des « **Stocks de produits intermédiaires** » **(351)**, c'est-à-dire les produits qui ont atteint un stade d'achèvement, mais qui sont destinés à entrer dans une nouvelle phase du circuit du produit, et des « **Stocks de produits résiduels** » **(358)** lorsque l'entreprise les vend sur le marché du recyclage (actuellement en développement). Ces comptes peuvent, comme les précédents, être subdivisés selon les besoins de l'entreprise.

Attention : l'enregistrement en compte de stocks d'un bien ne dépend pas de sa nature mais de l'activité de l'entreprise.

Exemple :

- Une société ayant une activité de marchand de biens présentera les immeubles dont elle est propriétaire en stocks et non en immobilisations, car ces immeubles sont la base même de son exploitation.
- Des pneumatiques seront enregistrés en stocks de produits finis de l'entreprise qui les fabrique alors qu'ils seront enregistrés en stocks d'approvisionnements d'une entreprise de construction automobile.

2 L'inventaire et la valorisation des stocks

L'article 8 alinéa 2 du Code de Commerce précise que la société doit contrôler, au moins une fois tous les douze mois, l'existence et la valeur des éléments de l'actif et du passif de l'entreprise. Il s'agit du principe de l'annualité de l'inventaire, selon lequel l'entreprise doit vérifier l'existence physique de ses actifs et constater leur dépréciation éventuelle.

L'inventaire consiste donc dans un premier temps en la *quantification* des éléments présents en stock à la date de clôture des comptes sociaux et dans un deuxième temps en leur *valorisation*. Il est ici important de souligner que de nombreuses entreprises, pour des raisons de contrôle de gestion évidentes, suivent leur stocks très régulièrement grâce à leur comptabilité analytique.

L'évaluation des stocks n'a pas pour unique objectif la présentation du bilan et du compte de résultat ; elle fait fondamentalement partie d'un schéma d'analyse et de gestion. Il existe de nombreuses méthodes d'évaluation des stocks. Nous retiendrons ici les 2 méthodes principales : FIFO et CMUP (qui sont d'ailleurs utilisées pour la valorisation des portefeuilles titres) (cf. chapitre 15).

Exemple de calcul :

Date	Nature de l'opération	Quantité	Prix unitaire	Total
1/01	Stock initial	200	(1) 5	1000
20/02	Sortie pour vente	- 40		
3/05	Sortie pour vente	- 20		
5/07	Achat	200	7,5	1500
10/09	Sortie pour vente	- 220		
12/10	Sortie pour vente	- 60		
15/11	Achat	400	10	4000
10/12	Sortie pour vente	- 260		
31/12	Stock final	200		

(1) Calculé sur la période précédente au CMUP.

A. La méthode du Coût Moyen Unitaire Pondéré : CMUP

Cette méthode consiste à calculer, à chaque mouvement de stock, le prix moyen unitaire du stock final de la période ; d'où les calculs suivants issus de notre exemple :

Date	Entrées			Sorties			Stock		
	Q	P	V	Q	P	V	Q	CMUP	V
1/01							200	5	1000
20/02				40	5	200	160	5	800
3/05				20	5	100	140	5	700
5/07	200	7,5	1 500				340	6,47	2 199,8
10/09				220	6,47	1 423,4	120	6,47	776,4
12/10				60	6,47	388,2	60	6,47	388,2
15/11	400	10	4 000				460	9,54	4 388,4
10/12 = S.F.				260	9,54	2 480,4	200	9,54	1908

avec : Q = quantité ; P = Prix unitaire ; V = valeur = Q x P.

Détail des calculs : CMUP au 05/07 : (700 + 1500)/340 = 6,47.
CMUP au 15/11 : (4000 + 388,2)/460 = 9,54.

B. La méthode du Premier Entré Premier Sorti : PEPS ou FIFO

Les sorties sont valorisées au coût de l'article le plus ancien dans le stock ; d'où les calculs suivants issus du même exemple :

Date	Entrées			Sorties			Stock		
	Q	P	V	Q	P	V	Q	P	V
1/01							200	5	1 000
20/02				40	5	200	160	5	800
3/05				20	5	100	140	5	700
5/07	200	7,5	1 500				140	5	700
							200	7,5	1 500
Sous-total							340		2 200
10/09				140	5	700			
				80	7,5	600			
Sous-total				220		1 300	120	7,5	900
Etc.									

Le stock final au 10/12 s'élèvera à : (10 x 200) = 2 000, soit 92 de survaleur par rapport au CMUP.

3 La comptabilisation des stocks : valeur brute et provision pour dépréciation

Pour la définition des provisions, cf. chapitre 16.

Une fois la quantification et la valorisation des stocks achevées (qui sont en fait les 2 étapes les plus délicates dans la pratique), il reste à enregistrer comptablement ces résultats.

En comptabilité générale française, les comptes de stocks ne sont, en général, mouvementés qu'une fois par exercice comptable, au moment de l'établissement des comptes annuels. Il s'agit là d'une particularité française ; en effet, la comptabilité anglo-saxonne enregistre les différents mouvements de stocks en cours d'exercice comptable.

Du fait de cette spécificité, l'enregistrement comptable est assez aisé, même si l'interprétation de l'impact de la variation de stocks l'est moins.

Cet enregistrement se décompose en 4 étapes :

- les 2 premières concernent la valeur brute du stock ;
- les 2 dernières concernent la provision pour dépréciation.

A. **Annulation du stock initial** (cas des matières premières, des approvisionnements et des marchandises)

Le stock initial de l'exercice N est le stock final de l'exercice N – 1. Les comptes de stocks, n'ayant pas été mouvementés en cours d'exercice, présentent donc des soldes débiteurs du montant des stocks N – 1. Pour annuler ces stocks, il faut solder ces comptes en les créditant (31/32/37). La contrepartie de cette écriture est le débit des comptes 603 « Variation des stocks, » ce qui revient à prendre en charges, dans le compte de résultat, ces éléments, qui évidemment, ont été consommés au cours de l'exercice.

B. Création du stock final

Le stock final de l'exercice N représente les marchandises ou approvisionnements qui ont été achetés, mais non encore vendus ou consommés. Il doit être présenté au bilan et donc figurer au débit du compte de stocks qui vient d'être soldé (31/32/37). Les charges enregistrées lors de ces achats constituent en quelque sorte des « charges constatées d'avance », puisque la consommation ou la vente interviendra au cours de l'exercice suivant. Il convient donc d'annuler ces charges du compte de résultat en créditant le compte 603 « Variation des stocks. »

Le solde du compte 603 représente la variation de stocks ; celle-ci signifie :

- un déstockage s'il est débiteur (SI > SF),
- un stockage s'il est créditeur (SF> SI). Dans ce cas, la variation de stocks sera présentée dans les charges d'exploitation du compte de résultat, avec un signe négatif. En effet, il s'agit bien d'une charge négative et non d'un produit.

Remarque : l'annulation du stock initial et la création du stock final permet d'ajuster la marge réalisée au cours de l'exercice (cf. chapitre 21).

C. Annulation de la provision sur stock initial

La provision constituée en N – 1 sur le stock et figurant au débit du compte 39 « Provisions pour dépréciation des stocks et encours » doit être soldée, car elle n'a plus de raison d'être. Il s'agira donc de débiter le compte 39 par le crédit du compte « 78173 Reprise sur provisions pour dépréciation des actifs circulants – Stocks et encours. »

D. Création de la provision sur stock final

La dépréciation probable estimée des stocks sera constatée par le débit du compte « 68173 Dotations aux provisions pour dépréciation des actifs circulants – Stocks et encours » et par le crédit du compte 39.

Attention : dans la pratique, il est courant de voir des entreprises qui ne passent que deux écritures, l'une enregistrant directement la variation de stocks, l'autre présentant l'ajustement des provisions (dotation ou reprise nette). Il faut savoir que cet usage, même s'il est correct, n'est pas aussi rigoureux que le souhaite le Plan comptable général de 1982. Aussi, nous vous conseillons vivement lors de vos examens de respecter les 4 étapes.

Synthèse de comptabilisation
Entreprise commerciale et industrielle

Stocks	Initial	Final	Prov. N – 1	Prov. N
Matières premières	100 000	150 000	20 000	30 000
Marchandises	1 510 000	950 000	85 000	54 000
Emballages	15 000	32 000	0	0
En cours de production	20 000	9 000	0	0
Produits finis	810 000	700 000	8 000	8 000

Remarque : certains énoncés prévoient le calcul par le candidat des provisions nécessaires.

		Débit	Crédit
603	Variation des stocks	1 645 000	
713	Variation des stocks P.F.	810 000	
31	Matières premières		100 000
326	Emballages		15 000
33	Encours		20 000
35	Produits finis		810 000
37	Marchandises		1 510 000
	Annulation S.I.		

31	Matières premières	150 000	
326	Emballages	32 000	
33	Encours	9 000	
35	Produits finis	700 000	
37	Marchandises	950 000	
603	Variation des stocks		1 141 000
713	Variation des stocks P.F.		700 000
	Création S.F.		
391	Provision/matières premières	20 000	
395	Provision/produits finis	8 000	
397	Provision/marchandises	85 000	
78173	Reprise sur provision/stocks		113 000
	Annulation de la provision sur S.I.		
68173	Dotation sur provision/stocks	92 000	
391	Provision/matières premières		30 000
395	Provision/produits finis		8 000
397	Provision/marchandises		54 000
	Création de la provision sur S.F.		

Chapitre 12
Les travaux d'inventaire : ajustement des comptes de gestion et de bilan

1 Le principe

En vertu du principe de séparation des exercices (ou césure, ou *cut-off*) et de l'objectif de présentation de l'image fidèle de la situation économique et financière, les comptes sociaux doivent présenter toutes les opérations relatives à l'exercice et rien que ces opérations.

L'organisation économique et commerciale des entreprises n'étant pas toujours conforme à ces principes, les comptables doivent effectuer des ajustements pour les respecter.

Ces ajustements sont réalisés au moment de l'inventaire comptable ; ils concernent, outre les stocks (cf. chapitre 11) et la trésorerie (cf. chapitre 8), les charges (à payer ou constatées d'avance) et les produits (à recevoir ou constatés d'avance) ainsi que les calculs d'amortissements (cf. chapitre 14) et les provisions (cf. chapitre 16 et 17).

2 Les charges

A. Les charges à payer

Il s'agit de charges consommées sur l'exercice, mais pour lesquelles l'entreprise n'a pas de pièce comptable au moment de l'inventaire ou plus exactement à la date de clôture de l'exercice. Il peut s'agir d'opérations ponctuelles (ex : achats de marchandises) ou récurrentes (ex : abonnements, loyers périodiques).

En tout état de cause, le montant approximatif de la charge peut être estimé. L'enregistrement devra donc s'effectuer en supposant la facture du tiers réceptionnée, c'est-à-dire en constatant une charge, la TVA déductible et une dette. Les comptes de charges utilisés sont les comptes classiques, alors que ceux du bilan sont des comptes d'inventaire caractérisés par le chiffre 8 après la particule du compte :

Charges + TVA (débit)				Dettes (crédit)
60/61/62	Achats (1)	→	4081	Fournisseurs – factures non parvenues
63	Impôts	→	4486	État – charges à payer
64	Personnel	→	428/438	Personnel/organismes sociaux – charges à payer
65	Autres charges de gestion courante	(1) →	468	Créditeurs divers – charges à payer
66	Charges financières	(1) →	1688	Emprunts – intérêts courus
			4088	Fournisseurs – intérêts courus
			5186	Banque – intérêts courus
709	RRR à accorder	(2) →	4198	Clients créditeurs – RRR à accorder

(1) 44586 TVA sur factures non parvenues

ou

(2) 44587 TVA sur factures à établir

B. Les charges constatées d'avance

Il s'agit de charges concernant une période allant au-delà de l'exercice comptable qui sont comptabilisées, mais qui ne sont que partiellement consommées. La régularisation consiste à annuler du compte de résultat la part de la charge qui concerne l'exercice suivant (en créditant le compte de charges concerné et en débitant le compte 486 « Charges constatées d'avance »). Elle nécessite donc un calcul *prorata temporis*.

Remarque : ici il n'y a pas lieu de tenir compte de la TVA, car elle a été prise en compte dans la déclaration.

3 Les produits

A. Les produits à recevoir

Ils sont connus très précisément par l'entreprise puisqu'ils correspondent (le plus souvent) à des ventes ou prestations de l'entreprise même. Mais la facturation, pour diverses raisons, n'aura lieu qu'au cours de l'exercice suivant.

Pour leur comptabilisation, le raisonnement est le même que pour les charges à payer : débit d'un compte de tiers d'inventaire et crédit du compte de produit *ad hoc* et d'un compte de TVA.

Créances (débit)		**Produits + TVA** (crédit)	
4181 Clients – factures à établir	→	70 Ventes	(1)
441 État – subventions à recevoir	→	74 Subventions d'exploitation	
4487 État – produits à recevoir	→	7715 Subventions d'équilibre	
468 Débiteurs divers – produits à recevoir	→	75 Autres produits de gestion courante	(1)
2768 Autres immobilisations financières – intérêts courus 4188 Clients – intérêts courus 508 VMP – intérêts courus 5187 Banque – intérêts courus	→	76 Produits financiers	(1)
4098 Fournisseurs – RRR à obtenir	→	609 RRR sur achats 619 RRR sur services extérieurs 629 RRR sur autres services extérieurs	(2) (2) (2)

(1) 44587 TVA sur factures à établir ou

(2) 44586 TVA sur factures non parvenues

B. Les produits constatés d'avance

Ils concernent des facturations effectuées et enregistrées par l'entreprise, mais qui couvrent à la fois l'exercice en cours et l'exercice suivant. La régularisation consiste donc en l'annulation de la part de produits afférents à l'exercice suivant.

Remarque : de même que pour les charges constatées d'avance, on ne tient pas compte de la TVA.

4 Schéma de comptabilisation et conseils pour l'examen

En pratique la difficulté de comptabilisation correcte des ajustements de charges et de produits ne réside pas dans les schémas de comptabilisation, qui sont relativement simples, mais dans le raisonnement à tenir. Afin de solutionner ce problème, nous proposons une démarche critique en répondant aux questions suivantes :

1) les opérations décrites concernent-elles des charges ou des produits pour l'entreprise ? (par exemple : bien distinguer les produits des locations des charges locatives ou encore les intérêts courus des emprunts de ceux des prêts) ;
2) quels ont été les éléments comptabilisés avant l'inventaire ?
3) quelle période est couverte par l'opération d'origine ? (attention à la distinction terme échu ou à échoir) ;
et surtout pour les éléments récurrents :
4) l'ajustement des comptes de charges ou de produits envisagé permet-il de présenter au compte de résultat l'intégralité de la charge ou du produit annuel ? (par exemple : 12 loyers mensuels ou 4 abonnements trimestriels) ;
5) les régularisations proposées sont-elles cohérentes avec celles qui ont été passées en N – 1 ?

Comptabilisation

Pour les éléments non encore comptabilisés (charges à payer et produits à recevoir)	**Pour les éléments comptabilisés d'avance** (produits et charge constatés d'avance)
La comptabilisation s'effectue en trois étapes : **1) régularisation en N,** **2) contre-passation en N + 1,** **3) comptabilisation de la pièce comptable définitive en N + 1.**	**La comptabilisation se réalise en deux temps :** **1) régularisation en N,** **2) contre-passation en N + 1.**

Chapitre 13
Les immobilisations incorporelles et corporelles

1 Définition des immobilisations

Les immobilisations, selon le Code de commerce (art. D. 10) et le PCG sont des éléments destinés à servir de ***façon durable*** à l'activité de l'entreprise. Elles représentent des ***investissements*** (à moyen et long terme), qui ne se consomment pas par leur premier usage (contrairement aux dépenses courantes enregistrées en charges, classe 6). De plus, il s'agit de biens (présentés à l'actif du bilan) sur lesquels l'entreprise exerce un ***droit de propriété***.

2 Classification des immobilisations

Les comptes d'immobilisations sont classés selon la nature des éléments qui les composent. Le PCG fait la distinction entre 3 catégories principales d'immobilisations :

– les immobilisations incorporelles ;

– les immobilisations corporelles ;

– les immobilisations financières (cf. chapitre 15).

A. Les immobilisations incorporelles

Il s'agit de biens incorporels ou de droits réels (droit de propriété et ses démembrements) qui ne constituent pas des objets matériels.

On peut distinguer 2 catégories d'immobilisations incorporelles :

– les biens incorporels ;

– les droits de propriété.

1) Les biens incorporels

– frais d'établissement,

– frais de recherche et de développement.

a) Les frais d'établissement (compte 201)

Ce sont des frais engagés par l'entreprise :

– soit au moment de sa ***constitution*** (droits d'enregistrements sur les apports, honoraires, débours résultant des formalités légales) : **2011 « Frais de constitution »** ;

- soit à la constitution du ***premier établissement***, c'est-à-dire frais relatifs à la promotion et au lancement, à la pré-ouverture d'un premier établissement attaché à une activité nouvelle ou au perfectionnement d'une activité : **2012 « Frais de premier établissement » ;**
- soit au moment des modifications du capital et d'opérations diverses (mêmes types de frais que ceux engagés lors de la constitution) : **2013 « Frais d'augmentation de capital et d'opérations diverses ».**

Attention : ces frais constituent, en principe, une charge de l'exercice au cours duquel ils ont été engagés. Néanmoins, l'entreprise peut choisir de les amortir en faisant figurer les frais en immobilisations via le compte 791 « Transfert de charges ».

b) Les frais de recherche et de développement (compte 203)

Le PCG définit ces frais comme les dépenses qui correspondent à l'effort réalisé par l'entreprise dans le domaine de la recherche, pour son propre compte. De même que pour les frais d'établissement, ces frais sont théoriquement des charges de l'exercice au cours duquel ils sont engagés. Cependant, dans un souci de stimulation de la recherche appliquée, certaines de ces dépenses ***peuvent*** être exceptionnellement inscrites à l'actif du bilan sous les ***conditions suivantes :***

- projet objet de recherche nettement individualisé et coûts distinctement établis ;
- chaque projet doit présenter, à la date d'établissement des comptes sociaux, de sérieuses chances techniques et de rentabilité commerciale.

2) Les droits de propriété

a) Les concessions et droits similaires, brevets, licences, marques, procédés, droits et valeurs similaires (compte 205)

Ce sont les dépenses faites pour l'obtention de l'avantage que constitue la protection accordée sous certaines conditions à l'inventeur, à l'auteur, ou au bénéficiaire du droit d'exploitation d'un brevet, d'une licence, d'une marque, d'un procédé, de droits de propriété littéraire ou artistique ou au titulaire d'une concession.

*Remarque : les logiciels à usage interne, c'est-à-dire utilisés comme moyen d'exploitation par l'entreprise, constituent des **immobilisations incorporelles** inscrites en 205 pour les deux raisons suivantes :*

- *un logiciel est bien un élément destiné à servir de façon durable à l'activité de l'entreprise, il constitue donc une immobilisation ;*
- *un logiciel repose, certes, sur un support matériel (fourniture accessoire à la prestation intellectuelle), mais il correspond à l'acquisition de droits incorporels protégés.*

b) Le droit au bail (compte 206)

Le droit au bail (ou « pas-de-porte ») est le montant versé (ou dû) au locataire précédent en considération du transfert à l'acheteur des droits résultant tant des conventions que de la législation sur la propriété commerciale (c'est-à-dire essentiellement le droit au renouvellement du bail).

c) Le fonds commercial (compte 207)

En droit commercial, le fonds commercial représente l'ensemble des éléments mobiliers corporels (matériels, outillages, marchandises) et incorporels (droit au bail, nom, enseigne) qu'un commerçant ou un industriel groupe et organise en vue de la recherche d'une clientèle et qui constitue une entité juridique distincte des éléments qui le composent.

En droit comptable, le fonds commercial est constitué par les ***éléments incorporels*** du fonds de commerce qui ***ne font pas l'objet d'une évaluation et d'une comptabilisation séparée*** au bilan et qui concourent au maintien et au développement du potentiel d'activité de l'entreprise.

B. Les immobilisations corporelles

Il s'agit de biens meubles et immeubles sur lesquels l'entreprise exerce un ***droit de propriété.***

1) Les principaux comptes

211 Terrains

212 Agencements et aménagement des terrains (travaux destinés à la mise en état d'utilisation du terrain)

213 Constructions (bâtiments, installations, agencements et ouvrages construits sur des terrains dont l'entreprise est propriétaire)

214 Constructions sur sol d'autrui (constructions édifiées sur un terrain n'appartenant pas à l'entreprise)

215 Installations techniques, matériels et outillages industriels (éléments techniques se rattachant directement à l'activité de l'entreprise)

Remarque : l'administration fiscale dispense les entreprises qui le souhaitent d'immobiliser leurs acquistions de matériels et petits outillages d'une valeur unitaire n'excédant pas 2 500 F HT. Dans ce cas, on utilise directement le compte de charge 606 « Achats non stockés de matières et fournitures ».

218 Autres immobilisations corporelles

Sous-comptes principaux :

- 2181 Installations générales, agencements et aménagements divers (travaux réalisés dans des constructions dont l'entreprise n'est pas propriétaire)
- 2182 Matériel de transport
- 2183 Matériel de bureau et matériel informatique
- 2184 Mobilier
- 2186 Emballages récupérables

2) Le cas particulier des immobilisations en cours (compte 23)

Ce compte a pour vocation de faire apparaître au bilan la valeur partielle des *immobilisations :*

– *en cours d'acquisition* auprès d'un tiers :

237 Avances et acomptes versés sur immobilisations incorporelles

238 Avances et acomptes versés sur immobilisations corporelles

– *ou en cours de création* (dans le cas d'une production immobilisée par l'entreprise)

231 Immobilisation en cours (valorisée en fonction de l'avancement des travaux).

3 L'évaluation du coût d'entrée des immobilisations

Selon le principe d'une comptabilité en coûts historiques (cf. chapitre 1), les immobilisations sont comptabilisées au moment de leur entrée dans le patrimoine de l'entreprise à leur ***coût d'acquisition*** (achat auprès d'un tiers) ou à leur ***coût de production*** (création d'immobilisation par l'entreprise pour elle-même).

A. Les principes d'évaluation du coût d'acquisition

Remarque : comme nous le verrons dans le paragraphe consacré à la comptabilisation des acquisitions, les modalités de règlement (en francs français) de ces acquisitions n'ont aucune incidence sur le coût d'entrée de l'immobilisation.

Le coût d'acquisition (à comptabiliser en classe 2) comprend :

1) le prix d'achat (après déduction des taxes légalement récupérables, dont TVA).

Les rabais, remises et ristournes obtenus doivent être déduits du prix d'achat, même si ceux-ci ne sont obtenus que l'exercice suivant l'acquisition de l'immobilisation. En revanche, les escomptes obtenus, constituant des produits financiers, sont sans incidence sur le prix d'achat ;

2) les frais accessoires (après déduction des taxes légalement récupérables, dont TVA).

Ces frais représentent les charges directement liées à l'acquisition du bien, pour sa mise en état d'utilisation ou pour son entrée en magasin. Les frais accessoires sont représentatifs d'une valeur vénale. La valeur vénale est définie comme le prix présumé qu'accepterait d'en donner un acquéreur éventuel dans l'état et le lieu où se trouve ledit bien.

Liste des frais accessoires compris dans la valeur d'origine :
– droits de douane à l'importation ;
– TVA et taxes assimilées non récupérables par l'entreprise ;
– frais de transport, d'installation et de montage nécessaires à la mise en état d'utilisation par l'entreprise des immobilisations.

Sont exclus des frais accessoires :
– la TVA et taxes assimilées récupérables par l'entreprise, qui constituent une créance sur le Trésor public ;
– les frais financiers exposés pour l'acquisition ;
– les frais de transport supportés après l'acheminement du bien sur les lieux de sa première installation ;
– les droits d'enregistrement et pénalités éventuelles ;

– les frais d'acquisition d'immobilisation, à savoir :
  • droits de mutation ;
  • honoraires ou commissions et frais d'acte.

  Remarque : cette liste est à connaître parfaitement pour l'examen.

Valorisation de cas particuliers

Cas		Valorisation
Biens acquis à titre gratuit	→	Valeur vénale
Biens acquis par voie d'échange	→	Valeur vénale du lot dont l'estimation est la plus sûre
Immobilisations reçues à titre d'apport en nature	→	Valeur du traité d'apport
Immobilisations acquises contre versement de rentes viagères	→	Valeur vénale ou stipulation de prix ou estimation
Immobilisations acquises au moyen de rentes annuelles	→	Valeur vénale du bien signature de l'acte ou valeur estimée des redevances annuelles ou évaluation retenue lors du paiement des droits d'enregistrement
Immobilisations libellées en devises	→	Coût converti en F.F. au cours du jour de l'opération

B. Les principes d'évaluation du coût de production

1) Généralités

Les immobilisations créées par l'entreprise sont comptabilisées à leur coût de production qui comprend :

– le coût d'acquisition des matières consommées ;

– les charges directes de production ;

– les charges indirectes de production dans la mesure où elles peuvent être raisonnablement rattachées à la production du bien (à l'exclusion, le plus souvent des charges financières, des frais de recherche et de développement et de frais d'administration générale) ;

– le coût obtenu est augmenté des frais engagés par l'entreprise au cours des opérations de production, pour amener le bien dans l'état et à l'endroit où il se trouve.

2) Les problèmes liés à la TVA

a) Principe général

Les immobilisations, qu'elles soient acquises ou créées sont, en principe, enregistrées pour leur valeur ***hors taxes***, lorsque :
– d'une part, l'entreprise est assujettie à la TVA à 100 % ;
– d'autre part, la taxe est récupérable (contre-exemple de TVA non récupérable : la TVA sur véhicule de tourisme).

b) Cas des entreprises non assujetties ou partiellement assujetties à la TVA

Les entreprises non assujetties au régime de la TVA ne récupèrent pas la TVA grevant leurs achats. La valeur d'acquisition portée à l'actif du bilan serait donc la valeur TTC ou bien la valeur HT augmentée de la part de TVA non déductible .

4 Comptabilisation des acquisitions d'immobilisations

A. Mémo des comptes à utiliser

20... ou 21...	Immobilisations incorporelles ou corporelles
23...	Immobilisations en cours
44562	TVA déductible sur immobilisations
404	Fournisseurs d'immobilisations
ou 405	Fournisseurs d'immobilisations – effets à payer
72	Production immobilisée

Remarque : les opérations d'investissement font l'objet d'une distinction importante dans la comptabilité ; ces comptes sont donc à utiliser impérativement afin d'isoler correctement ces opérations.

B. Schémas usuels

1) Acquisition à crédit d'un matériel industriel

		Débit	Crédit
2154	Matériel industriel	HT	
44562	TVA sur immobilisations	TVA	
404	Fournisseurs d'immobilisations		TTC

2) Acquisition avec versement d'une avance

Exemple :

1) Versement de l'avance de 30 000 F (TVA : régime des débits ; cf. chapitre 5).

238	Avances et acomptes versés sur commandes d'immobilisations corporelles	30 000	
512	Banque		30 000

2) Réception de l'immobilisation et de la facture (cas de déductibilité de la TVA à 100 %).

Facture		Comptes débités	Comptes crédités
Machine outil	70 000 F		
Frais de montage	25 000 F		
Total HT	95 000 F	2154	
TVA 20,6 %	19 570 F	44562	
Total TTC	114 570 F		
Acompte versé	<30 000> F		238
Net à payer	84 570 F		404

3) Cas particulier d'une facture d'achat d'immobilisation et de fournitures consommables

Facture		Comptes débités	Comptes crédités	
Matériel informatique	50 000 F	2183		
Papier listing	750 F	6064		
Total HT	50 750 F			
TVA 20,60 %	10 454,50	44562		Pour 10 300 F
		44566		Pour 154,50 F
Total TTC	60 189,50 F		404	

4) Production immobilisée

Exemple : Fabrication d'installations techniques

1) Comptabilisation des charges relatives à l'immobilisation

	« écriture synthétique fictive »	Débit	Crédit
601	Achats de matières premières	42 800	
606	Achats de fournitures non stockables	7 400	
62..	Autres services extérieurs	3 698	
64	Charges de personnel	35 000	
44566	TVA déductible 20,6 % (42 800 + 7 400 + 3 698)	11 102,99	
512 ou 401	Banque } Fournisseurs		100 000,99

N.B. : ces enregistrements peuvent être effectués en plusieurs fois ou peuvent ressortir de la comptabilité analytique

2) Comptabilisation de l'immobilisation produite

Remarque : les opérations de productions immobilisées sont passibles de TVA collectée (aspect vendeur) et de TVA déductible (aspect acquéreur).

Dans l'exemple : TVA = 100 000,99 x 0,206 = 20 600,20.

2185	Installations techniques	100 000,99	
44562	TVA sur immobilisations	20 600,20	
722	Production immobilisée immobilisation corporelle		100 000,99
44571	TVA collectée		20 600,20

Remarque : si la production de l'immobilisation se répartit sur plusieurs exercices, on utilisera le compte 231 « immobilisations corporelles encours » (sans TVA) aux clôtures des différents exercices, puis ce compte sera définitivement soldé à l'achèvement de l'immobilisation par le débit du compte 21 concerné.

Chapitre 14
Les amortissements et les cessions d'immobilisations incorporelles et corporelles

1 Les amortissements

A. Définitions

Le Plan Comptable définit les amortissements pour dépréciation comme la constatation comptable d'un ***amoindrissement de la valeur*** d'un élément d'actif résultant de l'usage, du temps, du changement technique ou de toute autre cause dont les ***effets*** sont jugés ***irréversibles***.

Plus précisément, l'amortissement est une réduction irréversible, ***répartie sur une période déterminée, du montant porté à certains postes du bilan***.

Remarque : c'est le caractère irréversible qui distingue les amortissements des provisions (cf. chapitre 16), puisque celles-ci sont assorties d'un aléa : elles concernent la constatation comptable d'amoindrissements probables de valeur.

B. Les biens amortissables

Il s'agit des éléments d'actif immobilisés qui subissent des dépréciations certaines. De ce fait, les terrains, le droit au bail, les fonds de commerce et les titres de participation ne sont, en principe, pas des valeurs amortissables, mais pourront faire l'objet de provisions.

C. Terminologie

Certains termes sont utilisés, d'une part pour la méthode de calcul des amortissements et, d'autre part, dans les exercices relatifs aux amortissements et aux recherches de valeurs concernant les immobilisations.

• ***Valeur d'origine*** (ou VO) : il s'agit du prix d'achat d'origine du bien, c'est-à-dire du montant immobilisé au moment de l'investissement (frais accessoires d'acquisition et fraction éventuelle de TVA non récupérable compris ; cf. chapitre 13). C'est le montant de base du calcul de l'amortissement.

• ***Annuité d'amortissement*** (ou A) : c'est le montant annuel de la dotation aux amortissements pratiquée en fin d'exercice comptable qui résulte du tableau d'amortissement.

• ***Taux d'amortissement*** (ou t) : c'est le taux appliqué à la valeur d'origine qui permet de déterminer l'annuité. Il dépend de la durée probable d'utilisation (D) du bien choisie et se calcule de la façon suivante : $100/D = t$ (exprimé en %).

Lorsque le taux est donné, on peut donc retrouver la durée d'amortissement : $100/t$ % = D.

Attention : la durée est exprimée en année et en mois : un taux d'amortissement de 15 % correspond donc à une durée d'utilisation de 6 ans et 8 mois et non pas à 6,6 ans que l'on arrondirait par erreur à 6 ans et demi.

• ***Valeur nette comptable*** (ou VNC) : il s'agit de la valeur du bien, à un moment donné, après constatation des amortissements. C'est donc le montant résultant du calcul : VO – ΣA.

Cette valeur est censée représenter le prix du marché du bien d'occasion.

• ***Plan d'amortissement*** : c'est un document obligatoire qui doit être établi au moment de l'acquisition du bien, et qui en principe ne concerne que les amortissements pour dépréciation (exclusion des amortissements dérogatoires, cf. chapitre 17).

Il comprend les informations suivantes :

– désignation et classement comptable de l'immobilisation ;

– dates d'acquisition et de mise en service ;

– valeur d'origine ;

– durée d'utilisation choisie ;

– méthode d'amortissement choisie ;

– tableau d'amortissement.

D. Les méthodes d'amortissement

1) Conseils pour l'examen

Les dotations aux amortissements des immobilisations sont des opérations d'inventaire, ce qui signifie que les écritures afférentes sont passées (en principe) une fois par exercice comptable. Nous attirons donc votre attention sur la signification et les conséquences du terme « Balance avant inventaire » souvent utilisé dans les exercices théoriques comme dans la pratique :

– les valeurs brutes des immobilisations présentées dans une balance avant inventaire de l'année N correspondent (comptes des classes 20, 21, 23, 26, 27) :

  • aux VO des immobilisations N - 1 ;

  • augmentées des acquisitions de l'exercice N ;

  • diminuées des VO des biens cédés au cours de l'exercice N.

  En effet les acquisitions et les cessions ne sont en aucun cas des opérations d'inventaire et doivent, par conséquent, faire l'objet d'enregistrements comptables au moment même des opérations d'investissement ou de vente ;

– par contre, les amortissements figurant sur la balance générale avant inventaire N représentent uniquement (comptes de la classe 28) le cumul des amortissements pratiqués sur les immobilisations possédées en N – 1, depuis leur date d'acquisition et jusqu'à la date de clôture N – 1.

Certains énoncés fournissent toutes les données ***après inventaire*** et les présentent sous la forme d'un tableau de variation ; le plus souvent dans ce cas, l'énoncé demande aux candidats de retrouver soit des valeurs d'origine, soit des taux, soit des cumuls d'amortissements, soit des prix de cession ou bien encore de reconstituer les écritures d'inventaire.

Ils se présentent ainsi :

Valeur brute N – 1	Augmentation	Diminution	Valeur brute N

La colonne « Diminution » correspond au prix d'achat (valeur d'origine) des biens cédés.

Amortissement N – 1	Augmentation	Diminution	Amortissement

La colonne « Augmentation » correspond aux dotations de l'exercice ; la colonne « Diminution », au cumul des amortissements pratiqués sur les biens cédés jusqu'à leur date de cession.

2) Le calcul et la comptabilisation des amortissements

Sur le plan juridique aucune méthode n'est conseillée ni interdite, mais la méthode retenue doit donner une estimation satisfaisante de la dépréciation des biens concernés.

Fiscalement, l'amortissement est calculé soit de manière linéaire, soit en application des dispositions spécifiques du CGI relatives aux régimes d'amortissements dégressifs et exceptionnels. En cas de difficultés, l'entreprise peut ne pas appliquer le plan d'amortissement initial à condition de respecter l'art. 39 B du CGI du minimum linéaire cumulé.

Il existe principalement 2 méthodes comptables de calcul, à savoir la méthode de l'amortissement linéaire et celle de l'amortissement dégressif.

a) L'amortissement constant ou linéaire

C'est le système d'amortissement de droit commun. Il est applicable à toutes les immobilisations amortissables. C'est le mode à appliquer aux immobilisations acquises d'occasion.

Au cours de chaque exercice le montant de dépréciation reste le même :

$$A = VO \times t$$

Particularité des première et dernière annuités : *l'application d'un prorata temporis* calculé en fonction du ***nombre de jours*** d'utilisation sur la base d'une année financière de 12 mois de 30 jours soit annuellement 360 jours.

La ***première*** annuité se calcule ***à partir du jour de mise en service.***

La ***dernière annuité complète la première*** en cas d'acquisition en cours d'exercice et se calcule jusqu'à la fin du plan d'amortissement (pour avoir une VNC nulle) en respectant en mois la durée de vie initialement prévue (le nombre d'exercices concernés peut excéder cette durée).

En cas de cession en cours de vie du bien, la dernière dotation se calcule jusqu'au jour de cession.

b) L'amortissement dégressif

Il résulte du système réglementé par la loi fiscale d'incitation à l'investissement puisqu'il permet un amortissement initial plus important.

Il n'est applicable qu'aux biens neufs et ne concerne que :

– les biens d'équipement industriel ;

– les équipements mobiliers et immobiliers de l'hôtellerie ;

– les immeubles industriels de construction légère ;

– le matériel de bureau (sauf les machines à calculer).

Attention : lorsque l'amortissement économique, c'est-à-dire la dépréciation réelle du bien, correspond à l'amortissement dégressif (dépréciation plus rapide au début de la vie du bien), il n'y a pas lieu de constater systématiquement un amortissement dérogatoire (cf. chapitre 17).

Son calcul consiste à appliquer à la base à amortir un taux d'amortissement dégressif T, résultat de la multiplication du taux linéaire et d'un coefficient multiplicateur qui varie selon la durée d'utilisation :

Durée	Coefficient de droit commun(1)
< 5 ans	1,5
5 et 6 ans	2
> 6 ans	2,5

La base à amortir varie chaque année puisqu'il s'agit de la VNC.

La ***première année,*** le *prorata temporis* ***en mois*** se calcule ***à partir du premier jour du mois d'acquisition.***

Les ***dernières années se calculent selon le mode linéaire,*** à partir de l'exercice où le taux linéaire, calculé sur le nombre d'années restantes, devient supérieur au taux dégressif T.

En cas de cession en cours de plan d'amortissement, la dernière annuité se calcule en général, ***jusqu'au premier jour du mois de cession.***

---

(1) Ces coefficients de droit commun ont été majorés d'un point, soit 2,5 ; 3 et 3,5 pour les biens acquis du 1.02.1996 au 31.01.1997.

On a donc :

– pour les premiers exercices (mode dégressif) :

$$A = VNC \times T \times m/12$$

– pour les derniers exercices (mode linéaire) :

$$A = B \times t$$

avec B = base = dernière VNC en dégressif,

et $t = \dfrac{100}{\text{durée de vie restante}}$, quand $T < t$.

E. La comptabilisation des amortissements

Comptablement, l'acquisition d'une immobilisation change la structure du bilan, mais n'a pas d'impact sur le résultat.

L'amortissement quant à lui modifie le résultat de l'entreprise. En effet, il représente lors de chaque exercice :

– une ***charge du compte de résultat*** : constatation de l'appauvrissement du patrimoine par une augmentation des charges : débit du compte 68 « Dotations aux amortissements. »

Le plan d'amortissement représente donc une répartition de charges dans le temps ;

– une ***diminution de l'actif du bilan*** : constat de la dépréciation d'une immobilisation par l'enregistrement de cet amoindrissement : crédit du compte 28 « Amortissement des immobilisations. » Ce compte présentera à la clôture de chaque exercice le cumul des annuités pratiquées.

Remarque : les dotations aux amortissements sont des charges particulières puisque :

– elles sont calculées afin d'ajuster la situation économique et fiscale de l'entreprise ;

– elles ne font pas l'objet d'un décaissement.

Elles concourent donc à l'autofinancement de l'entreprise (cf. chapitre 21).

2 Les cessions d'immobilisations

Les cessions d'immobilisations sont des opérations exceptionnelles présentées au compte de résultat dans les produits et charges exceptionnelles sur opérations en capital. Le résultat de cession, plus ou moins-value, ne s'enregistre pas directement, mais se calcule par différence entre le prix de cession et la valeur nette comptable du bien cédé.

Le plus souvent, les enregistrements afférents à la cession sont les suivants :

Exemple :

– Cession le 31/03/N d'un matériel acquis le 1/10/(N – 3) au prix de 120 600 F TTC, amorti en linéaire sur 5 ans.

– Prix de cession : 60 000 F, TVA à 20,6 %.

1) Constatation de la vente et de la créance (en cas de paiement à crédit) au jour de la cession :

	31/03/N	Débit	Crédit
462	Créances sur cessions d'immobilisations	72 360	
775	Produits des éléments d'actifs cédés		60 000
44571	TVA collectée		12 360

2) Enregistrement de l'amortissement, jusqu'à la date de cession, au jour de clôture :

	31/12/N		
681	Dotations aux amortissements	5 000	
28154	Amortissements du matériel (100 000 x 0,2 x 3/12)		5 000

3) Enregistrement de la sortie de l'immobilisation du patrimoine de l'entreprise, à la date de clôture :

	31/12/N		
675	VNC des éléments d'actif cédés	50 000	
28154	Amortissements du matériel	50 000	
2154	Matériel industriel		100 000

Cas des cessions avec reversement de TVA

Depuis le 1/10/90, les cessions d'immobilisations sont assujetties à la TVA. La règle du reversement par 1/5e a donc été supprimée (sauf pour les cessions dans le cadre de cessation d'activité). Toutefois, la règle du reversement du 1/10e est maintenue pour les cessions de constructions : le droit à déduction de la TVA est conditionné par l'utilisation de l'immobilisation, par l'entreprise, pendant 10 exercices. Si la société cède une construction avant la 10e année, elle doit reverser la TVA, « déduite à tort », par dixième pour chaque année manquante, année civile pleine ou non. Dans ce cas, la cession est exonérée de TVA.

Exemple :

Une construction acquise le 15/09/N achetée pour 240 000 F H T (TVA à 18,6 %, N antérieur à 96) amortie sur 20 ans est cédée le 30/06/N + 7 pour un prix de 278 928 F.

TVA initialement déduite = 240 000 x 0,186 = 44 640 F.

TVA définitivement déductible = 44 640 x 8/10 = 35 712 F.

TVA à reverser = 44 640 x 2/10 = 44 640 – 35 712 = 8 928 F.

Les 8/10 ans représentent les 8 exercices de détention du bien (N, N + 1, N + 2, ... N + 7).

L'entreprise doit donc reverser 8 928 F au Trésor public et augmenter d'autant la VO de la construction ce qui a pour conséquence de majorer la VNC.

Les enregistrements seront donc :

1) Prix de cession, au jour de la vente :

	30/06/N + 7	Débit	Crédit
462	Créances sur cession d'immobilisations	278 928	
775	Produits des cessions d'éléments d'actif		278 928

2) Écritures d'inventaire :

	31/12/N + 7	Débit	Crédit
681	Dotations aux amortissements	6 000	
2813	Amortissements du matériel		6 000
	(240 000 x 0,05 x 6/12)		

	31/12/N + 7	Débit	Crédit
675	VNC des éléments d'actif cédés	158 500	
2813	Amortissements des constructions	81 500	
	3 500 + (12 000 x 6) + 6 000		
213	Constructions		240 000

	31/12/N + 7	Débit	Crédit
675	VNC des éléments d'actif cédés	8 928	
44551	TVA à décaisser		8 928

Chapitre 15
Les titres : immobilisations financières ou valeurs mobilières de placement

1 Définitions juridiques

Juridiquement, on distingue trois grandes catégories de titres :

- ***les actions :*** ce sont des titres relatifs à la propriété du patrimoine d'une SA ou d'une société en commandite par actions. Le détenteur est appelé actionnaire, il est propriétaire d'une partie de l'entreprise ;
- ***les parts sociales*** : ce sont des titres représentatifs de la propriété du patrimoine d'une SARL, d'une EURL, d'une société en commandite simple ou d'une SNC. Le détenteur est appelé associé.

Les actions et parts sociales sont représentatives de droits de propriété ;

- ***les obligations*** sont le support d'un emprunt obligataire lancé par une société souhaitant se procurer de nouveaux fonds par voie d'emprunt. Le détenteur est appelé obligataire, il est créancier de l'entreprise.

2 Définitions comptables

Les portefeuilles-titres peuvent être acquis par l'entreprise pour deux raisons :

- acquisition de titres dans l'objectif de posséder une part du capital d'une autre entreprise. Juridiquement ces titres s'analysent comme des droits de propriété ;
- acquisition de titres en vue de placer à court terme des excédents de trésorerie. Juridiquement, on parlera de droits de créance.

Le PCG et le Code de Commerce donnent les définitions suivantes :

1) les participations : ce sont des droits dans le capital d'autres entreprises, matérialisés ou non par des titres, qui en créant un lien durable avec celles-ci, sont destinés à contribuer à l'activité de la société détentrice. Constituent donc des ***titres de participation*** les titres dont la ***possession durable*** est estimée utile à l'activité de l'entreprise, notamment parce qu'elle permet d'***exercer une influence*** sur la société émettrice des titres et d'en ***assurer le contrôle.***

Remarque : la fraction du capital détenu est un des indicateurs de contrôle. Théoriquement la part de capital détenu doit être supérieure à 50 %. Mais dans les cas de forte dispersion du capital, un plus faible pourcentage peut suffire ; ce qui importe, c'est le caractère majoritaire de la détention qu'elle soit directe ou indirecte (notion de groupe). Sont toutefois présumés être des titres de participation :

– les titres acquis par OPA ou OPE ;

– les titres représentant au moins 10 % du capital d'une entreprise.

2) les valeurs mobilières de placement : leur définition est plus simple. Il s'agit de titres acquis en vue de ***réaliser un gain à brève échéance.***

Attention : ces définitions comptables ne sont pas applicables en droit fiscal.

Conclusion : c'est l'objet de l'acquisition et de la détention des titres qui déterminent leur classement comptable et donc les schémas comptables à respecter lors des acquisitions, des cessions et à l'inventaire.

3 Comptabilisation

A. Comptes utilisés

1) Les immobilisations financières

a) Titres de participation détenus à des fins de contrôle

Compte 26 Participations et créances rattachées à des participations

Principalement :

261 Titres de participation

267 Créances rattachées à des participations

b) Titres détenus principalement en vue de placement à long terme

Compte 27 Autres immobilisations financières

271 Titres immobilisés (droit de propriété)

272 Titres immobilisés (droit de créance, obligations détenues à long terme)

Remarque : cette classe comptable prévoit également l'enregistrement d'immobilisations financières particulières :

– les prêts, compte 274,

– les dépôts et cautionnements versés, compte 275.

Ces comptes fonctionnent classiquement. Ils sont mouvementés au débit lors de leur versement initial (par le crédit d'un compte de trésorerie) et au crédit lors des réceptions de remboursements partiels ou totaux (par le débit d'un compte de trésorerie).

2) Les valeurs mobilières de placement

Placements à court terme :

Compte 50 Valeurs mobilières de placement

503 Actions et 506 Obligations

B. La comptabilisation de l'acquisition des titres

Elle s'effectue au coût historique ; le coût d'achat est ainsi le prix définitif. Contrairement à l'entrée des immobilisations incorporelles et corporelles, les frais accessoires sont exclus de cette valeur d'entrée et sont donc comptabilisés en charges au compte 6271 « Services bancaires et assimilés-frais sur titres » (commissions, courtages, etc...) et 6221 « Commission et courtage sur achats ». Ces services sont assujettis à la TVA, il faut donc utiliser un compte de TVA déductible.

Si l'entreprise passe par une société de bourse pour effectuer la transaction, on utilise le compte 516 « Sociétés de bourse ».

Hormis la distinction immobilisations financières / valeurs mobilières de placement, l'écriture passée au jour d'acquisition est identique :

26 ou 50		(pour le prix total = prix unitaire des titres x quantité)
62...		(charges)
44566		(TVA sur services)
	512	

C. Comptabilisation à l'inventaire

A l'inventaire, l'entreprise procède au recensement et à l'évaluation des titres en portefeuille. Ce recensement et cette évaluation sont réalisés au moyen de fiches de stocks classiques (cf. chapitre 11) établies selon la ***méthode du coût moyen unitaire pondéré***.

Comme pour les stocks, cette valorisation sera rapprochée de la valeur réelle du portefeuille (valeur d'inventaire : cours ou valeur d'usage) à la date de clôture.

Qu'il s'agisse d'immobilisations financières ou de valeurs mobilières de placement, les règles à respecter lors de l'établissement des comptes sont identiques :

- la comparaison doit être effectuée par catégorie de titres de même nature ;
- aucune compensation n'est possible entre les plus ou moins-values latentes ;
- seules les moins-values feront l'objet d'un enregistrement comptable selon le principe de prudence (s'agissant d'une dépréciation latente et non définitive : constatation d'une provision) (cf. chapitre 16).

Les provisions nécessaires seront enregistrées :

– au débit

en charges financières : 6866 Dotation aux provisions pour dépréciation des éléments financiers

en distinguant les comptes relatifs aux immobilisations financières (68662) et ceux relatifs aux valeurs mobilières de placement (68665).

– au crédit :

la diminution de la valeur de l'actif

en distinguant :

en distinguant :	296	Provisions pour dépréciation des participations et créances rattachées
	297	Provisions pour dépréciation des autres immobilisations financières
	590	Provisions pour dépréciation des valeurs mobilières de placement

L'évaluation des provisions nécessaires peut être réalisée au moyen d'un tableau mettant en évidence les plus ou moins-values latentes unitaires et globales. Ce tableau peut (comme pour les clients douteux ; cf. chapitre 16), prévoir de renseigner sur les provisions existantes, c'est-à-dire constituées au cours des exercices précédents (dans ce cas, il est possible de calculer des ajustements de provisions). Cependant, il est conseillé, avant de constituer les provisions nécessaires sur un exercice, d'annuler purement et simplement la totalité des provisions N – 1 par une écriture de reprise sur provisions :

– ***au débit*** :

en distinguant :	296	Provisions pour dépréciation des participations et créances rattachées
	297	Provisions pour dépréciation des autres immobilisations financières
	590	Provisions pour dépréciation des valeurs mobilières de placement

– ***au crédit :***

produits financiers :	7866	Reprises sur provisions pour dépréciation des éléments financiers

en distinguant les comptes relatifs aux immobilisations financières (78662) et ceux relatifs aux valeurs mobilières de placement (78665).

D. Comptabilisation des cessions

La comptabilisation des cessions d'immobilisations financières et des valeurs mobilières de placement sont totalement différentes puisque dans un cas, il s'agit de sortie d'un élément d'actif immobilisé (cf. chapitre 14) et dans l'autre de la sortie d'un actif circulant.

Cependant, la valorisation selon ***la méthode FIFO*** des titres cédés est la même (cf. chapitre 11).

Schémas de la comptabilisation

Opération			Débit	Crédit	Explication
1		**Cession d'immobilisations financières**			
	1	Constatation de la créance	462	775	Prix de cession (sans TVA)
	2	Sortie de l'actif	675	26 ou 27	Pour la valeur d'entrée d'origine
	3	Éventuellement : Reprise des provisions constituées	296 ou 297	78662	Cette écriture peut être comprise dans les écritures d'inventaire

2		**Cession de VMP**			
		Cas d'une moins-value nette			
	1	Constatation de la créance	465	667	Prix de cession (sans TVA)
	2	Sortie de l'actif	667	50	Pour la valeur d'entrée d'origine
	3	Éventuellement : Reprise des provisions constituées	59	78665	Même remarque que pour les immobilisations
		Cas d'une plus-value nette			
	1	Constatation de la créance	465	767	Prix de cession (sans TVA)
	2	Sortie de l'actif	767	50	Pour la valeur d'entrée d'origine
	3	Éventuellement : Reprise des provisions constituées	59	78665	Même remarque que pour les immobilisations

Nouveaux comptes utilisés :

462 Créances sur cessions d'immobilisations

465 Créances sur cessions de VMP

667 Charges nettes sur cession de VMP

767 Produits nets sur cession de VMP

Remarque : pour les cessions de VMP, le résultat de cession (prix de vente – prix d'acquisition) doit être calculé préalablement puisqu'il conditionne le choix du compte à utiliser 767 ou 667.

Chapitre 16
Les provisions : généralités – provisions sur actif circulant

1 Définition

Selon le PCG, une provision est la constatation comptable d'un ***amoindrissement de la valeur*** d'actif résultant de causes ***dont les effets ne sont pas jugés irréversibles***. Il s'agit donc de comptabiliser une dépréciation probable mais non certaine.

Le principe comptable appliqué ici est le principe de prudence selon lequel toute perte latente de valeur d'un élément doit faire l'objet d'une comptabilisation et ce, contrairement aux gains latents.

2 Les éléments d'actif susceptibles de subir une dépréciation probable

Il s'agit des postes suivants :

- immobilisations non amortissables (cf. chapitre 14) ;
- titres de participation et VMP (cf. chapitre 15) ;
- les stocks (cf. chapitre 11) ;
- les créances clients.

Pour tous ces éléments le principe est identique, à savoir :

- comparaison de la valeur d'origine à la valeur d'inventaire ;
- mesure du risque de dépréciation ;
- comptabilisation de l'éventuel amoindrissement de valeur ou ajustement de l'amoindrissement déjà constaté.

3 Classification des provisions

On distingue 4 catégories de provisions selon la nature du risque qu'elles représentent :

- ***les provisions pour dépréciation :*** qui constatent les moins-values latentes des éléments d'actif et régularisent l'actif du bilan ;
- ***les provisions pour risques et charges*** qui enregistrent des dettes probables dues à des charges ou des risques de nature précise, mais dont la réalisation est incertaine (cf. chapitre 17) ;

– ***les provisions réglementées*** qui représentent des ressources propres à l'entreprise du fait de dispositions fiscales particulières (cf. chapitre 17) ;

– ***les dettes provisionnées*** qui constatent des dettes certaines, mais dont l'évaluation est délicate (cf. chapitre 12).

4 Principes de comptabilisation

A leur constitution, comme pour la comptabilisation des amortissements, les écritures (qui sont des écritures d'inventaire) renseignent à la fois le compte de résultat et le bilan.

Pour la constatation de la charge (à débiter), on distinguera selon qu'il s'agit :

– d'une charge d'exploitation : 681 « Dotations aux provisions – charges d'exploitation » ;

– d'une charge financière : 686 « Dotations aux provisions – charges financières » ;

– d'une charge exceptionnelle : 687 « Dotations aux provisions – charges exceptionnelles. »

Pour les comptes de bilan (à créditer), on utilisera le compte concerné avec un 9 en seconde position :

29 « Provisions pour dépréciation des immobilisations ».

39 « Provisions pour dépréciation des stocks et encours ».

49 « Provisions pour dépréciation des comptes de tiers ».

59 « Provisions pour dépréciation des comptes financiers ».

Au cours des exercices suivants, l'analyse du risque de dépréciation devra à nouveau être effectuée et l'on procèdera à l'ajustement des provisions :

– si la situation s'est dégradée, on constituera une dotation complémentaire ;

– si la situation s'est améliorée, on constatera une reprise sur provisions (comptes 781, 786 et 787).

Seules les dépréciations des comptes clients seront étudiées ici ; pour les autres comptes de l'actif du bilan, se référer aux chapitres concernés.

5 Les provisions pour dépréciation des comptes clients

L'analyse des comptes clients douteux a pour conséquence non seulement des ajustements de provisions, mais aussi d'autres écritures qu'il convient d'étudier.

Les situations possibles étant nombreuses, il s'avère utile de présenter l'analyse sous forme d'un tableau qui indique pour chaque créance posant des difficultés de recouvrement les informations suivantes (en colonne) :

– le nom du client ;

– le compte où est présentée la créance avant inventaire (411 ou 416) ;

– le nominal d'origine de la créance non réglée TTC pour N – 1 ;

– les variations de la créance TTC intervenues en cours d'exercice N : diminution (règlement) ou augmentation (nouvelle facture ou intérêts de retard) ;

– le solde HT avant inventaire N ;

– le taux de provision pratiqué en N – 1 calculé sur la valeur HT ;
– le montant de provision N – 1 ;
– le taux de provision nécessaire en N ;
– le montant de cette nouvelle provision.

1) Les ajustements nécessaires

– les dotations complémentaires :	681
– les reprises :	781
et/ou :	
– les créances irrécouvrables HT :	654
– la TVA à régulariser sur créances irrécouvrables :	44551

2) Schéma de comptabilisation

Les écritures peuvent être passées par client (ligne) ou globalement (colonne). On recense les ***étapes suivantes de comptabilisation :***

1 – Passer en clients douteux les nouvelles créances douteuses (qui feront l'objet de provisions) : 416 à 411 (pour le TTC).
2 – Provisionner les risques nouveaux et ajuster les anciens : 681 à 491 (pour le HT x taux de provision).
3 – Diminuer les provisions : 491 à 781.
4 – Passer en créances irrécouvrables les créances douteuses définitivement perdues : 654 à 44551 à 416.
5 – Passer en créances irrécouvrables les créances ordinaires définitivement perdues : 654 et 44551 à 411.
6 – Effectuer les reprises sur provisions des créances devenues irrécouvrables : 491 à 781.

Remarque : Pour le 2°, la dotation aux provisions peut être une charge exceptionnelle comptabilisée en 687 si le client concerné représente une part importante du chiffre d'affaires.

Enfin, il faut noter qu'en cas de réception d'un règlement d'une ancienne créance douteuse soldée, c'est-à-dire passée en perte définitive sur un exercice antérieur, le PCG considère qu'il s'agit d'un produit exceptionnel. L'enregistrement sera donc : 512 (pour le TTC) à 7714 « Rentrées sur créance amorties » et 44551 « TVA à décaisser ».

Chapitre 17
Les provisions : pour risques et charges ; réglementées ; les dettes provisionnées

1 Les provisions pour risques et charges

Elles prennent en compte sur l'exercice une charge ou un risque probable et approximatif qui sera définitivement réalisé sur les exercices suivants.

La comptabilisation consiste, à sa constitution :

- ***à débiter un compte de charge*** selon la nature du risque à couvrir : d'exploitation (681), financier (686), exceptionnel (687) ;
- ***à créditer le compte de dette*** 151 « Provisions pour risques et charges ».
  Les régularisations éventuelles au cours des exercices suivants peuvent être de deux sortes :

  1) ajustement de la provision en fonction de la nouvelle évaluation du risque : dotation ou reprise ;

  2) annulation (reprise) de la provision quand le risque s'est réalisé ou a disparu.

Les risques concernés :	*Comptes*
– litiges :	1511
– garanties données aux clients :	1512
– pertes sur marchés à terme :	1513
– amendes et pénalités :	1514
– pertes de change :	1515 (cf. chapitre 18)
– autres :	1518
– impôts :	155
– charges à répartir ; notamment grosses réparations :	1572
– charges fiscales et sociales sur congés à payer :	158

Remarque : dans la pratique, la principale difficulté concernant ces provisions est double : comment bien cerner les risques encourus et comment les évaluer ?

2 Les provisions réglementées

Elles ont un caractère purement fiscal, car elles ne couvrent pas un risque répondant au principe de prudence du PCG.

L'État a mis en place ces dispositions pour permettre à certaines sociétés et dans certaines conditions de bénéficier d'un autofinancement ponctuel (réintégration fiscale sur les résultats ultérieurs) dû à un allégement d'impôt sur les bénéfices et d'une augmentation provisoire des capitaux propres.

En effet, leur comptabilisation se déroule ainsi :

– débit du compte 687 « Charges exceptionnelles » ;

– crédit d'un compte de capital 14 « Provisions réglementées ».

Le plan comptable recense les provisions réglementées relatives :

	Comptes
– aux immobilisations :	142
– aux stocks :	143
– aux autres éléments d'actif :	144
– aux amortissements dérogatoires :	145
– aux réévaluations :	146
– aux plus-values réinvesties :	147
– autres :	148

3 Les amortissements dérogatoires

Il s'agit de majorations des dotations aux amortissements justifiées économiquement.

L'amortissement fiscal peut donc se décomposer en :

– amortissement économique ou amortissement pour dépréciation enregistré au compte 28 ;

– amortissement exceptionnel ou dérogatoire présenté en provisions réglementées au compte 14.

1) Les immobilisations concernées

Les immobilisations suivantes ne peuvent bénéficier de l'amortissement dérogatoire :

– bâtiments industriels utilisés moins de 15 ans ;

– immeubles et matériels hôteliers ;

– agencements, installations de locaux commerciaux.

Les biens pouvant faire l'objet d'amortissements dérogatoires sont les suivants :

– immeubles à usage industriel ou commercial construits dans le cadre du développement régional ;

– immobilisations financées avec primes d'aménagement ;

– logiciels ;

– immeubles anti-pollution ;

– installations permettant des économies d'énergie.

2) Le calcul et la comptabilisation

Pour calculer l'amortissement dérogatoire, il faut constituer un tableau d'amortissement spécial mettant en évidence pour chaque exercice :

– l'amortissement fiscal global ;

– l'amortissement économique ou comptable ;

– l'écart entre ces 2 amortissements : l'amortissement dérogatoire qui fera l'objet :

- au début du plan d'amortissement, de dotations ;
- à la fin du plan d'amortissement, de reprises.

Remarque : en fin de plan d'amortissement, le cumul de l'amortissement dérogatoire est nul puisqu'il ne s'agit pas d'une réelle dépréciation, mais d'une facilité fiscale permettant un décalage d'imposition.

4 Les dettes sociales provisionnées

Du fait du chevauchement de l'ouverture des droits aux congés payés et de leur réalisation effective sur 2 exercices comptables, les entreprises doivent provisionner les dettes fiscales et sociales relatives aux congés payés acquis par les salariés au cours d'un exercice.

Rappel : les salariés ont droit à 2,5 jours de congé par mois de travail ou à 10 % de leur salaire (solution la plus avantageuse pour les salariés). Ces droits sont en général ouverts sur la période de référence allant du 1/06 d'une année au 31/05 de l'année suivante ; la prise de congé ne peut se réaliser qu'après cette période.

Pour une entreprise qui clôture ses comptes au 31/12, une partie des congés qui seront pris sur l'exercice N + 1 sont à la fois une charge de personnel et une dette fiscale et sociale de l'exercice N.

À l'inventaire N, il est donc nécessaire d'estimer :

– les congés à payer sur l'exercice suivant, mais acquis sur l'exercice en cours ;

– les charges fiscales et sociales relatives à ces congés.

La régularisation comptable sera donc :

– *à la clôture N :*

- débit du compte de charges de personnel 641 « Rémunération du personnel » ;
- crédit du compte d'inventaire 4282 « Dettes provisionnées pour congés à payer » ;
- débit des comptes de charges fiscales (63) et sociales (64) lorsqu'elles sont estimées précisément ;

ou

- débit du compte 681 « Dotations aux provisions d'exploitation » ;
- crédit du compte de provisions 1582 « Provisions pour charges sociales et fiscales sur congés à payer » ;

– *à l'ouverture de l'exercice N + 1 :* ces écritures seront contre-passées.

Chapitre 18
Évaluation des créances et dettes en monnaies étrangères

1 Principes d'évaluation

a) ***Lors de l'entrée en comptabilité :*** cours du jour de l'opération (valeur comptable).

b) ***A la clôture de l'exercice :*** dernier cours de change, à la date de clôture (valeur d'inventaire).

Les différences entre la valeur comptable et la valeur d'inventaire sont enregistrées dans un compte transitoire de bilan :

- gains latents enregistrés au passif compte 477 « Différences de conversion passif » ;
- pertes latentes enregistrées à l'actif compte 476 « Différences de conversion actif ».

Le principe de prudence impose, dans ce cas, la dotation d'une provision pour risques de change (compte 1515 « Provisions pour pertes de change »).

Cette provision peut faire l'objet d'un traitement particulier, les exceptions seront étudiées ci-après.

Ces écritures de régularisation doivent donc faire l'objet d'une contre-passation dès l'ouverture de l'exercice suivant afin que le solde des comptes de créances ou dettes en devises corresponde à leur coût d'entrée (principe des coûts historiques).

c) Lors du règlement financier, apparition du résultat de change

Compte 666 « Pertes de change », ou

Compte 766 « Gains de change ».

Si une provision pour risques avait été constituée, elle doit faire l'objet d'une reprise au titre de l'exercice au cours duquel le règlement financier est intervenu.

Exemple :

Vente au 12/11/(N – 1) pour un montant de 5 000 $ dont l'échéance est fixée au 12/02/N.

Cours du dollar :

– au 12/11/N – 1 :	5,22 F
– au 31/12/N – 1 :	5,15 F
– au 12/02/N :	5,20 F

1) Enregistrement en comptabilité le 12/11/N – 1 :

La créance est enregistrée pour : (5 000 x 5,22) = 26 100.

2) A la clôture de l'exercice 31/12/N – 1 :

Valeur comptable	:	26 100 F
Valeur d'inventaire (5 000 x 5,15)	:	25 750 F
Perte latente	:	350 F

	31/12/N-1	Débit	Crédit
476	Différences de conversion actif	350	
411	Créances		350
6865	Dotations aux provisions pour risques et charges financiers	350	
1515	Provisions pour perte de change		350

3) Au 1/01/N :

Contre-passation de l'écriture constatant la différence de conversion passif (411 à 476).

4) Enregistrement le 12/02/N :

	12/02/N	Débit	Crédit
512	Banque (5 000 x 5,20)	26 000	
666	Pertes de change (5,22 - 5,20) x 5 000	100	
411	Créances		26 100

Reprise de la provision :

		Débit	Crédit
1515	Provision pour perte de change	350	
7865	Reprise sur provision pour risques et charges financiers		350

Aspects fiscaux

Les écarts de conversion sont pris en compte pour la détermination du résultat fiscal.

La provision pour risques de change n'est pas déductible (elle ferait double emploi avec l'écart de conversion) ; suivant la même logique, les reprises ultérieures de provisions ne sont pas imposables.

Ainsi, sont à réintégrer dans le résultat fiscal (imprimé 2058-A) :

– les écarts de conversion-passif (477) de l'exercice ;

- les écarts de conversion-actif (476) comptabilisés lors de l'exercice précédent (et déduits fiscalement), et extournés au début de l'exercice ;
- la provision pour risques de change de l'exercice (1515).

Sont à déduire du résultat fiscal :

- les écarts de conversion-actif (476) de l'exercice ;
- les écarts de conversion-passif (477) comptabilisés lors de l'exercice précédent (et réintégrés fiscalement), et extournés au début de l'exercice ;
- les reprises de provision pour risques de change de l'exercice (1515).

2 Les exceptions à la règle de constitution d'une provision pour risques en présence d'une perte de change à l'inventaire

Il existe 5 exceptions pour lesquelles la provision ne permet pas de donner une image fidèle des comptes annuels.

Certaines entraînent des ajustements de provision obligatoires :

- couverture de change ;
- emprunt affecté à l'acquisition d'immobilisations.

D'autres peuvent faire l'objet d'ajustements facultatifs :

- position globale de change et termes voisins ;
- emprunt en devises à des conditions plus avantageuses qu'un emprunt en francs ;
- opérations affectant plusieurs exercices.

1) La couverture de change

Elle est destinée à couvrir les conséquences de la fluctuation de change, telle que :

- l'obtention d'une ligne de devises auprès d'un établissement financier ;
- l'achat ou la vente à terme de devises ;
- emprunt (ou prêt) en devises auprès d'un établissement financier remboursable au même terme que l'opération à couvrir.

Dans ce cas, la provision est limitée au risque non couvert. A condition que la couverture soit dans la même devise et les échéances identiques (seuls les montants peuvent être différents).

Par ailleurs, la partie compensée par la couverture de change est enregistrée dans les comptes 4768 et 4778 « Différences compensées par couverture de change. »

Exemple :

(Reprise de l'exemple précédent avec souscription d'un prêt en devises le 12/11 pour 4 000 $ 5,22 F).

Au 12/11, mêmes enregistrements que précédemment :

		Débit	Crédit
512	Banque (5,22 x 4 000)	20 880	
164	Emprunt		20 880

Au 31/12, constatation des 2 écarts à la clôture de l'exercice : enregistrement de l'écart de conversion (idem exemple précédent) :

164	Emprunt (5,15 – 5,22) x 4 000	280	
4772	Diminution de la dette		280

Compensation des pertes et des gains latents :

4768	Différences compensées par la couverture de change	280	
4771	Augmentation de la créance		280

Comptabilisation d'une provision pour le risque non couvert (350 – 280) = 70 :

6865	Dotation aux provisions pour risques et charges	70	
1515	Provision pour pertes de change		70

2) Emprunt affecté à l'acquisition d'immobilisations

On ne constate pas de provision pour la perte latente éventuelle. La régularisation sera constituée par un étalement de la perte latente sur la durée la plus courte soit de l'emprunt, soit de la vie utile du bien.

Une provision *prorata temporis* est enregistrée en fin d'exercice. L'écart de conversion ne peut concerner que l'emprunt.

Exemple :

Au 1/07/N achat d'un matériel pour 1 000 U à 5,50 F amortissable sur 5 ans.

L'entreprise emprunte simultanément 600 U remboursables en 3 tranches égales à compter du 1/07/N + 1.

Cours de la devise au 31/12/N = 5,80 F, au 1/07/N + 1 = 5,90 F.

Au 31/12/N :

Valeur comptable de l'emprunt : 600 x 5,50 F :	3 300 F
Valeur d'inventaire : 600 x 5,80 F :	3 480 F
Différence de conversion :	180 F

		Débit	Crédit
4762	Augmentation de la dette	180	
164	Emprunt		180
6865	Dotations aux provisions pour risques et charges	30	
1515	Provisions pour perte de change		30

Durée de l'emprunt : 3 ans

$$\text{Charges N} = \frac{180}{3\text{ ans}} \times \frac{6\text{ mois}}{12\text{ mois}} = 30\text{ F}$$

Au 1/07/N + 1 :

Remboursement d'un tiers :

		Débit	Crédit
164	Emprunt (200 x 5,50)	1 100	
666	Perte de change (5,90 - 5,50) x 200	80	
512	Banque 200 x 5,90		1 180

3) Position globale de change et termes voisins

Le Plan Comptable précise que « lorsque pour des opérations dont les termes sont suffisamment voisins, les pertes et gains de change peuvent être considérés comme concourant à une position globale de change, la provision pour risques et charges peut alors être limitée à l'excédent des pertes sur les gains. »

4) Emprunt en devises à des conditions plus avantageuses qu'un emprunt en francs

« Lorsque les charges financières liées à un emprunt en devises sont inférieures à celles d'un emprunt possible contracté en francs, la provision peut être limitée à la différence entre les charges calculées sur cet emprunt aux taux applicables en France et les charges réellement supportées. »

5) Opérations affectant plusieurs exercices

« Lorsque les pertes latentes sont attachées à une opération affectant plusieurs exercices, l'entreprise peut procéder à l'étalement de ces pertes selon des méthodes dont elle doit justifier le bien fondé. »

Chapitre 19
Points particuliers : impôt sur les bénéfices, affectation du résultat, subventions, participation des salariés

1 L'impôt sur les bénéfices

Les résultats bénéficiaires des entreprises sont soumis à l'impôt.

Seules les sociétés de capitaux supportent en charges l'impôt sur les bénéfices (comptabilisé en compte 695), puisque, pour les sociétés de personnes l'impôt est dû directement (au titre de l'impôt sur le revenu des personnes physiques) par les associés.

En cours d'exercice, le paiement de l'impôt fait l'objet du versement de 4 acomptes dont les dates varient selon la date de clôture de l'exercice. Ces acomptes sont enregistrés au débit (car il s'agit d'une créance) du compte 444 « État-impôt sur les bénéfices » par le crédit d'un compte de trésorerie.

A la clôture, l'impôt dû au titre de l'exercice est enregistré au débit du compte 695 par le crédit du compte de dette 444 « État-impôt sur les bénéfices ».

Le taux actuellement en vigueur est de 33,33 %. Il a été majoré d'une contribution additionnelle de 10 % (à compter des exercices clos au 01/01/95) et d'une contribution temporaire.

La loi de finances rectificative du 10 novembre 1997 a fixé le taux de cette contribution temporaire à 15 % pour les exercices clos entre le 01/01/97 et le 31/12/98 et à 10 % pour les exercices clos entre le 01/01/99 et le 31/12/99.

A. Le bénéfice fiscal

Le résultat net comptable ne correspond pas au bénéfice fiscal imposable du fait de distorsions entre la définition des charges et des produits fiscaux et comptables.

En effet, certaines sommes doivent être ajoutées (réintégrations) et d'autres doivent être soustraites (déductions) du résultat comptable, par des corrections extra-comptables sur l'imprimé 2058-AN de la liasse fiscale « Détermination du résultat fiscal ».

B. Les réintégrations

– Elles concernent les charges comptabilisées non admises en déduction du résultat fiscal :

- rémunération du travail de l'exploitant, du conjoint ou des associés des sociétés soumises à l'impôt sur le revenu ;

- les avantages personnels non déductibles ;
- les amortissements excédentaires et autres amortissements non déductibles (notamment la part excédentaire d'amortissement des véhicules de tourisme) ;
- les charges et dépenses somptuaires ;
- la taxe sur les voitures particulières des sociétés ;
- les provisions et charges à payer non déductibles ;
- les amendes et pénalités ;
- l'impôt sur les sociétés et l'imposition forfaitaire (uniquement pour les sociétés soumises à l'impôt sur les sociétés).

– Elles concernent également des régimes d'imposition particuliers et des impositions différées, soit essentiellement :

- moins-values nettes à long terme ;
- fraction imposable des plus-values réalisées au cours d'exercices antérieurs.

C. Les déductions

Elles concernent principalement :

– les régimes d'imposition particuliers et les impositions différées (plus-values nettes à long terme et régimes des sociétés mères et filiales) ;

– les mesures d'incitation (déduction autorisée au titre d'investissements réalisés dans les DOM-TOM, majoration d'amortissement, dividendes déductibles, abattement et exonération notamment des entreprises nouvelles).

D. Paiement de l'IS

Le paiement de l'impôt sur les sociétés se compose du versement de l'imposition forfaitaire annuelle (IFA), de 4 acomptes et du solde ; il respecte un calendrier de versement qui dépend de la date de clôture de l'exercice.

Pour une société dont la date de clôture de son exercice est le 31 décembre, les versements d'IS dû au titre de l'exercice N sont échelonnés aux dates suivantes :

• 1er acompte d'IS ou IFA(1) si IFA > 1er acompte (montant : 8,33 % du bénéfice fiscal N – 2) :	15 mars N
• 2e acompte d'IS et régularisation du 1er acompte (montant : 16,66 % du bénéfice fiscal N – 1 moins le montant du 1er acompte) :	15 juin N
• 3e acompte d'IS (montant : 8,33 % du bénéfice fiscal N – 1) :	15 septembre N
• 4e acompte d'IS (montant : 8,33 % du bénéfice fiscal N – 1) :	15 décembre N
• Calcul de l'IS dû au titre de l'exercice N :	du 31 décembre N au 31 mars N + 1
• Paiement du solde de l'IS dû au titre de l'exercice N :	15 avril N + 1

(1) L'IFA varie de 5 000 F à 100 000 F selon le niveau de CA TTC de l'exercice précédent (de moins de 1 million F à plus de 500 millions F). Le paiement de l'IFA est obligatoire ; cependant, son montant s'impute soit sur les acomptes suivants soit sur le solde de liquidation. Seule la partie non imputée (IS total < IFA) constituera un impôt définitif pour l'entreprise.

E. Comptabilisation des opérations relatives à l'IS

Opération	Comptes débités	Comptes crédités	Observations
En cours d'exercice : paiement des acomptes	444	512	
A la clôture N : comptabilisation de l'IS dû	695	444	
A la clôture N : sort de l'IFA non imputé. L'entreprise constate une provision pour risque de non-imputation (non-déductible fiscalement)	6875[1]	155	L'imputation peut être effectuée sur les IS dus jusqu'au 31.12.N + 2
Au 15 avril N + 1 : solde du compte 444 • si 444 est créditeur	444	512	
• si 444 est débiteur	Crédit d'IS : - imputable sur les acomptes N + 1, - remboursement possible.		

2 L'affectation du résultat

L'affectation du résultat décidé en assemblée générale ordinaire dans les six mois qui suivent la clôture de l'exercice consiste à solder le compte 12 « Résultat de l'exercice » en répartissant son montant dans les différentes affectations possibles.

Le résultat affectable est composé du résultat net comptable de l'exercice et du report à nouveau (positif ou négatif) de l'exercice précédent.

- Lorsqu'il est ***positif*** (cas du bénéfice distribuable), deux principales destinations sont possibles :
  - l'une, interne, contribue à l'autofinancement de l'entreprise par la mise en réserves ;
  - l'autre, externe, rétribue les associés par la distribution de dividendes.
- Lorsqu'il est ***négatif*** (cas du déficit ou perte comptable), il est affecté au report à nouveau (dans la majorité des cas) ou imputé sur les réserves.

(1) Cette provision sera reprise en N + 1 ou N + 2 en cas d'imputation sur les IS dus (produit non imposable), ou au 31/12/N + 2 en cas de non-imputation. Dans ce dernier cas, la charge définitive (non-déductible fiscalement) sera constatée le 31/12/N + 2 par le débit du compte 697 « IFA » et le crédit du compte 444 « Etat ».

A. Affectation d'un bénéfice net

1) Affectation aux réserves

- ***Réserve légale*** (compte 1061). Cette réserve est imposée par la loi aux SARL et aux SA. Elle est constituée chaque année par un prélèvement égal à 5 % du bénéfice net (diminué éventuellement des pertes antérieures) jusqu'à concurrence d'un montant de réserve légale égal à 10 % du capital social.
- ***Réserves statutaires*** (compte 1063) et ***Autres réserves*** (compte 1068) : les premières s'imposent aux associés par le texte des statuts ; les secondes peuvent être décidées par l'assemblée générale ordinaire.
- ***Réserves réglementées*** (compte 1064) : elles sont prévues par des dispositions fiscales dans un certain nombre de cas précis. C'est le cas de la réserve spéciale des plus-values à long terme qui permet aux entreprises passibles de l'IS de bénéficier de la taxation réduite des PVNLT.

2) Distribution de dividendes (compte 457)

Le dividende est composé du premier dividende et du superdividende.

- ***Le premier dividende*** est l'intérêt statutaire, calculé sur le montant libéré des actions (avec éventuellement un prorata temporis selon les événements de l'exercice et les dispositions statutaires).
- ***Le superdividende*** est attribué, sans considération du degré de libération, à toutes les actions.

Le paiement des dividendes est assuré, en numéraire ou en actions, dans les neuf mois qui suivent la date de clôture de l'exercice.

Les dividendes constituent pour leurs bénéficiaires des revenus de valeurs mobilières et bénéficient d'un avoir fiscal égal à 50 % de leur montant.

3) Le report à nouveau positif (créditeur) : compte 110

C'est le solde de l'affectation du bénéfice de l'exercice. Il s'ajoutera au résultat comptable de l'exercice suivant. Son affectation est donc provisoirement reporté.

B. Affectation d'un déficit au report à nouveau

Les pertes comptables sont reportées dans l'attente de résultats futurs positifs qui pourront les absorber.

Si le report à nouveau est débiteur (compte 119), ces pertes non imputées viendront en diminution des bénéfices futurs.

C. Synthèse : tableau d'affectation du résultat (modèle PCG)

Origines		
1. Report à nouveau antérieur		X
2. Résultat de l'exercice		X
dont résultat courant après impôt (a) : ————————		
3. Prélèvement sur les réserves (b)		X

Affectations		
4. Affectation aux réserves :		
Réserve légale	X	
Réserve spéciale des plus-values à long terme	X	
Autres réserves	X	
5. Dividendes (c)	X	
6. Autres répartitions	X	
7. Report à nouveau	X	
Totaux	X	X

(a) Le résultat courant est apprécié en fonction de la répartition de l'impôt global visée à l'annexe.
(b) Indiquer les postes de réserves sur lesquels les prélèvements sont effectués.
(c) S'il existe plusieurs catégories d'ayants droits aux dividendes, indiquer le montant pour chacune d'elles. Indiquer également, s'il y a lieu, le montant correspondant au précompte sur valeurs mobilières.

Remarques :

1. En cas de différences dans les affectations par rapport aux propositions par le conseil d'administration à l'assemblée générale, mention doit en être faite.

2. Lorsqu'il s'agit de montants négatifs, les porter entre parenthèses ou précédés du signe (–) (Modèle PCG).

D. Comptabilisation

		Comptes débités	Comptes crédités	
1	Cas d'un bénéfice			
	Résultat de l'exercice	120		Pour solde
	Réserve légale		1061	
	Autres réserves		1068	
	Associés – dividendes à payer		457	
	Report à nouveau (positif)		110	
2	Cas d'un déficit			
	Report à nouveau (négatif)	119		
	Résultat de l'exercice		129	Pour solde

3 Les subventions

Le PCG distingue 3 catégories d'aides financières accordées par les collectivités et l'État aux entreprises :

- ***les subventions d'exploitation*** : accordées pour compléter ou compenser des produits ou des charges d'exploitation (assujetties à la TVA) : crédit du compte 74 « Subvention d'exploitation » ;
- ***les subventions d'équilibre*** : attribuées à des conditions particulières à certaines entreprises dont l'activité aurait dégagé un résultat déficitaire

(assujetties à la TVA) : crédit du compte de produit exceptionnel 77 « Subvention d'équilibre » ;

– ***les subventions d'investissement*** : octroyées aux entreprises effectuant des investissements désignés par la loi fiscale : crédit du compte de ressources propres 13 « Subventions d'investissement », rapportés au cours des exercices suivants au résultat de l'entreprise par le crédit du compte 777 « Quote-part des subventions d'investissement virées au résultat ».

A. Comptes utilisés

131		Subventions d'équipement
441		État – subventions à recevoir
	4411	Subventions d'investissement
	4417	Subventions d'exploitation
	4418	Subventions d'équilibre
74		Subventions d'exploitation
7715		Subventions d'équilibre
777		Quote-part des subventions d'investissement virée au résultat de l'exercice

B. Schéma de comptabilisation

		Comptes débités	Comptes crédités	Montant
Subvention d'exploitation				
1	Attribution	4417		TTC
			74	HT
			44571	TVA
2	Encaissement	512		TTC
			4417	TTC
Subvention d'équilibre				
1	Attribution	4418		TTC
			7715	HT
			44571	TVA
2	Encaissement	512		TTC
			4418	TTC

Subvention d'investissement				
1	Attribution	4411	131	Pas de TVA
2	Encaissement	512	4411	
3	Rapport aux résultats ↓	131	777	
	– Selon la DAP et le taux de subvention pour les éléments amortisables. – Par 10e pour les éléments non amortissables.			

4 La participation des salariés aux résultats de l'entreprise

La participation est réglementée par les lois sociales (ordonnance du 21/10/86). Elle s'applique obligatoirement aux entreprises de plus de 50 salariés et facultativement aux autres entreprises. Elle consiste à réserver aux salariés une part des bénéfices réalisés. Son évaluation nécessite le calcul de la ***réserve spéciale de participation (RSP) :***

$$RSP = \frac{1}{2} (B - 5\ \%\ C) \times \frac{S}{VA}$$

avec : B = Bénéfice net de l'exercice déduction faite de l'impôt correspondant

C = Capitaux propres

S = Salaires de l'entreprise

VA = Valeur ajoutée

Comptabilisation

– A la clôture de l'exercice N :

691	Participation des salariés aux résultats de l'entreprise
4284	Dettes provisionnées pour participation des salariés

– Au début de l'exercice N + 1 :

4284	Dettes provisionnées pour participation des entreprises
691	Participation des salariés aux résultats de l'entreprise
691	Participation des salariés aux résultats de l'entreprise
4246	Réserve spéciale de participation

– Au moment de l'utilisation des fonds :

4246 Réserve spéciale de participation Par le crédit, selon les cas : – Attribution d'actions (augmentation de capital) : 101 Capital 1041 Primes d'émission – Attribution d'actions suite à un rachat par la société : 502 Actions propres – Création d'un fonds : 1662 Fonds de participation – Blocage en cas de désaccord sur l'utilisation entre salariés et employeur : 1661 Comptes bloqués – Versement à des organismes externes : 512 Banque – Création de SICAV (plan d'épargne d'entreprise) : 50 VMP

Chapitre 20

Les documents de synthèse

1 Généralités

A. Définitions

Les documents de synthèse sont les états périodiques qui présentent la situation de l'entreprise. Les comptes annuels, définis par le PCG et le code de commerce, comprennent 3 éléments qui forment un tout indissociable : le ***bilan***, le ***compte de résultat*** et ***l'annexe***. Ces documents sont établis après l'inventaire comptable, c'est-à-dire à partir de la balance générale après inventaire.

L'art. 9 du code de commerce définit chacun de ces éléments :

- ***le bilan*** décrit séparément, à la clôture de l'exercice, les éléments actifs et passifs de l'entreprise et fait apparaître de façon distincte les capitaux propres ;
- ***le compte de résultat*** récapitule les produits et les charges de l'exercice, sans qu'il soit tenu compte de leur date d'encaissement ou de paiement. Il fait apparaître, par différence après déduction des amortissements et des provisions, le bénéfice ou la perte de l'exercice ;
- ***l'annexe*** complète et commente l'information donnée par le bilan et le compte de résultat.

B. Principes et règles d'établissement et de présentation

(cf. chapitre 1)

Selon le code de commerce (art. 9, al. 4), les comptes annuels doivent être ***réguliers*** et ***sincères*** et donner une ***image fidèle*** du patrimoine, de la situation financière et du résultat de l'entreprise. Le PCG ajoute qu'ils doivent être présentés en respect du principe de prudence. La régularité et la sincérité sont définis par le PCG, leur application concourt à l'obtention de l'image fidèle. Le concept d'image fidèle étant assez délicat et controversé, nous n'en présenterons que les grandes lignes.

La régularité est « *la conformité aux règles et procédures en vigueur* ».

La sincérité est « *l'application de bonne foi de ces règles et procédures est fonction de la connaissance que les responsables des comptes doivent normalement avoir de la réalité et de l'importance de ces opérations. Les informations comptables doivent donner à leurs utilisateurs une description adéquate, loyale, claire, précise et complète des opérations, événements et situations* ».

L'image fidèle : elle doit résulter de l'application des concepts de régularité, de sincérité et de continuité d'exploitation et doit permettre une traduction la plus juste possible de la réalité économique dans le respect des règles du droit comptable français (principe de propriété, valorisation aux coûts historiques, etc.). L'application de bonne foi des règles comptables constitue une présomption de fidélité. Les informations à fournir en annexe pourront contribuer à l'approche d'une image fidèle.

Outre le respect de ces 3 concepts, la présentation des comptes annuels doit être effectuée selon les règles suivantes :

– ***non-compensation*** ;

– ***permanence des méthodes***.

C. Systèmes de présentation

Comme pour la nomenclature des comptes, le PCG prévoit 3 systèmes de présentation des comptes annuels : la présentation ***de base***, la présentation ***simplifiée*** (ou ***abrégée***) et la présentation ***développée*** (cf. chapitre 2). Le choix de la présentation dépend du système comptable applicable à la société et donc de son importance selon certains critères :

- le ***système de base*** comporte les dispositions minimales de la comptabilité que doivent tenir les sociétés moyennes ou de grande importance ;
- le ***système abrégé*** présente les dispositions minimales des entreprises dont la dimension ne justifie pas nécessairement le recours au système de base (petites entreprises) ;
- les documents du ***système développé*** (facultatif) permettent de faciliter l'analyse de certains éléments.

Critères comptables fixant la présentation des comptes annuels (au moins 2 critères sur 3)

		Total bilan	**Chiffre d'affaires**	**Salariés**
Système de base				
1	Personnes morales	> 10 000 000 F	> 20 000 000 F	> 50
2	Personnes physiques	> 1 500 000 F	> 3 000 000 F	> 10
Système simplifié				
1	Personnes morales	< 1 500 000 F	< 3 000 000 F	< 10
2	Personnes physiques (1 seul critère)			
	– de vente de marchandises :		< 3 000 000 F	
	– de prestation de services :		< 900 000 F	
Systèmes hybrides	Sociétés comprises entre les 2 systèmes			
	↓ Bilan et compte de résultat de base et annexe simplifiée			

2 Formalités

Les comptes sociaux (dont l'établissement relève de la responsabilité des organes de direction) doivent être établis et approuvés dans un certain délai et faire l'objet d'une publicité.

A. Les délais

1) Fiscalement

Les entreprises doivent déposer leurs comptes sociaux (= déclaration de résultat) dans les 3 mois qui suivent la clôture, sauf dans le cas d'une clôture au 31 décembre pour lequel le délai est de 4 mois puisque la date limite de dépôt est en principe le 30 avril.

2) Juridiquement

Les délais d'établissement après la date de clôture varient selon la forme juridique des sociétés :

- pour les SA à directoire : 3 mois ;
- pour les sociétés cotées et les sociétés ou groupements de taille importante (plus de 300 salariés ou chiffre d'affaires net > 120 millions de francs) : 4 mois ;
- pour toutes les autres sociétés, groupements et personnes morales devant faire certifier leurs comptes par un commissaire aux comptes : 4 mois et demi ;
- pour les SARL et les SNC sans commissaire aux comptes : 5 mois et demi ;
- pour les commerçants personnes physiques : délai de dépôt de la liasse fiscale.

B. L'approbation des comptes

Les associés ou actionnaires se prononcent sur l'approbation des comptes annuels et sur l'affectation du résultat en assemblée générale ordinaire. Celle-ci doit être tenue, en principe dans les 6 mois de la date de clôture.

C. La publicité légale

Les sociétés par actions et les SARL doivent déposer leurs comptes sociaux au greffe du tribunal de commerce dans le mois qui suit l'approbation de comptes annuels par l'assemblée générale des actionnaires ou des associés. Ce dépôt donnera lieu à l'insertion d'un avis au Bulletin officiel des annonces civiles et commerciales (BODACC).

3 Les comptes annuels

A. Le bilan

Le bilan est une représentation des ressources et des emplois dont dispose une entreprise. La présentation du PCG privilégie un classement des éléments selon leur destination et leur provenance en respectant la nomenclature. suivante : actifs immobilisés, actifs circulants / capitaux propres, provisions pour risques et charges, dettes.

Le bilan peut donc être défini comme une photographie (soldes des comptes des classes 1 à 5) à une date donnée (la date de clôture) de la situation patrimoniale de l'entreprise. Il se compose de 2 pôles : les actifs et les passifs.

Les éléments d'***actif*** représentent les droits de propriété et de créance de l'entreprise.

Les éléments de ***passif*** comprennent les dettes envers les tiers de l'entreprise et ses capitaux propres (« dettes » envers les associés ou actionnaires).

Pour son établissement, il est nécessaire de procéder à des regroupements de comptes. Les tableaux pages 126 à 131 récapitulent les concordances à respecter (modèle du PCG).

B. Le compte de résultat

Le compte de résultat représente le film de l'activité économique de l'entreprise, c'est-à-dire le cumul des flux inscrits en produits et en charges au cours de l'exercice. Les produits et les charges (cf. chapitre 6) classés par catégorie peuvent être présentés soit sous forme de tableaux (***en compte*** : toutes les charges à gauche et tous les produits à droite) en énumérant successivement les éléments selon les cycles (exploitation, financier et exceptionnel, participation des salariés et impôt sur les bénéfices) ; soit ***en liste***, c'est-à-dire par cycle en alternant les produits et les charges. La présentation en liste permet de déterminer 3 résultats partiels : résultat d'exploitation, résultat financier et résultat exceptionnel.

Comme pour le bilan, des tableaux de concordance avec les comptes ont été établis (cf. pages 126 à 131).

C. L'annexe

L'annexe complète et commente l'information donnée par le bilan et le compte de résultat. Elle est constituée :

- d'informations obligatoires quelle que soit leur importance ;
- de toutes les informations ayant une importance significative nécessaire à l'obtention de l'image fidèle du patrimoine, de la situation financière et du résultat de l'entreprise.

Le PCG prévoit que :

- les comptes sociaux, y compris l'annexe doivent mettre en évidence tout fait pouvant avoir une influence sur le jugement que les destinataires de l'information peuvent porter sur le patrimoine, la situation financière et le résultat de l'entreprise ;
- l'annexe est un état qui comporte les explications nécessaires pour une meilleure compréhension du bilan et du compte de résultat.

1) Principales informations obligatoires

- Dérogations à l'application d'une prescription comptable (cas exceptionnel de dérogation) : l'annexe doit motiver cette dérogation et en chiffrer l'incidence sur les comptes.
- Changement de méthodes : les modifications apportées à la présentation et aux méthodes d'évaluation doivent être mentionnées et faire l'objet d'une description et d'une justification. L'annexe doit donner les précisions utiles sur les

incidences de ces changements. En cas de changement de présentation, l'annexe doit comporter un tableau de passage entre l'ancienne et la nouvelle présentation.

– Présentation des postes de bilan de créances et dettes comportant des effets de commerce et des éléments sur des sociétés dont l'entreprise détient des titres de participation.
– Explication sur les charges à payer et produits à recevoir rattachés aux postes de dettes et créances.
– Commentaire sur les éléments constitutifs des frais d'établissement, des frais de recherche et du fonds commercial.
– Information sur les opérations de crédit-bail.

2) Principales informations d'importance significative

La présentation de ces informations dans l'annexe n'est, en principe, obligatoire que lorsqu'elles sont significatives. Notons toutefois que la plupart de ces informations étant à fournir sur la liasse fiscale (régime réel), leur valorisation est fréquemment effectuée. Elles sont prévues par le décret du 29/11/1983 :

– méthodes d'évaluation ;
– méthodes utilisées pour le calcul des amortissements et des provisions ;
– circonstances empêchant de comparer certains postes sur 2 exercices successifs ;
– mouvements ayant affecté l'actif immobilisé ;
– information sur le traitement des écarts de conversion ;
– information sur la réévaluation des comptes ;
– présentation selon leurs termes des créances et dettes (court, moyen et long terme) ;
– dettes garanties par des sûretés réelles ;
– engagements financiers (engagements hors bilan).

4 Clôture et réouverture des comptes

Après l'établissement des comptes annuels, on doit passer des écritures de clôture définitive, afin de solder (de mettre à zéro pour l'exercice suivant) les comptes de flux que sont les comptes de charges et produits. Ces écritures consistent à regrouper au sein du compte 12 « Résultat de l'exercice » le solde du compte de résultat en créditant les comptes de charges et de produits débiteurs et en débitant ceux qui sont créditeurs.

Les comptes peuvent ainsi être rouverts pour l'exercice suivant :

– pour les comptes de bilan : reprise des soldes présentés au bilan N – 1 ;
– pour les comptes de charges et de produits : soldes à zéro du fait des écritures de regroupement.

Enfin après la décision de répartition du résultat N – 1 par l'assemblée générale ordinaire des actionnaires ou associés, on constatera l'écriture d'affectation du résultat qui consistera à solder provisoirement le compte 12 « Résultat net de l'exercice » (cf. chapitre 19).

Bilan actif (base)

	Postes	Comptes N Brut	Comptes N Amort. prov.	Comptes N Net	N − 1 Net
Actif immobilisé	Capital souscrit non appelé	109			
	Immobilisations incorporelles				
	Frais d'établissement	201	2801		
	Frais de recherche et de développement	203	2803		
	Concessions, brevets, licences, marques, procédés, droits et valeurs similaires	205	2805 - 2905		
	Fonds commercial (1)	206 - 207	2807 - 2906 - 2907		
	Autres	208	2808 - 2908		
	Immobilisations incorporelles en cours (f)	232 (f)	2932 (f)		
	Avances et acomptes	237			
	Immobilisations corporelles				
	Terrains	211 - 212	2811 - 2812 - 2911		
	Constructions	213 - 214	2813 - 2814		
	Installations techniques, matériel et outillage industriels	215	2815		
	Autres	218	2818		
	Immobilisations corporelles en cours	231	2931		
	Avances et acomptes	238			
	Immobilisations financières (2)				
	Participations	261 - 266	2961 - 2966		
	Créances rattachées à des participations	267 - 268	2967 - 2968		
	Autres titres immobilisés	271 - 272 - 27682	2971 - 2972		
	Prêts	274 - 27684	2974		
	Autres	275 - 2761 - 27685 - 27688	2975 - 2976		
	Total I	X	X	X	X
Actif circulant	Stocks et encours				
	Matières premières et autres approvisionnements	31 - 32	391 - 392		
	Encours de production (biens et services) (a)	33 - 34	393 - 394		
	Produits intermédiaires et finis	35	395		
	Marchandises	37	397		
	Avances et acomptes versés sur commandes	4091			
	Créances (3)				
	Créances clients et comptes rattachés (b)	411 - 413 - 416 - 417 - 418	491		
	Autres	4096 - 4097- 4098 - 425 - 4287- 4387- 441 - 443D - 444D - 4456 - 44581- 44582 - 44583 - 44586 - 4487- 451D - 455D - 456D (sauf 4562) - 458D - 462 - 465 - 467 - 4687 - 478D	495 - 496		
	Capital souscrit - appelé, non versé	4562			
	Valeurs mobilières de placement (c)				
	Actions propres	502			
	Autres titres	50 (sauf 502 - 509)	59		
	Instruments de trésorerie (d)	52			
	Disponibilités	51D (sauf 5186 - 519) (e) 53 - 54			
Régularisation	Charges constatées d'avance (3)	486			
	Total II	X	X	X	X
	Charges à répartir sur plusieurs exercices **(III)**	481		X	X
	Primes de remboursement des obligations **(IV)**	169		X	X
	Écarts de conversion Actif **(V)**	476		X	X
	Total Général (I + II + III + IV + V)	X	X	X	X

(1) Dont droit au bail	(2) Dont à moins d'un an (brut)	(3) Dont à plus d'un an (brut) ....

(a) A ventiler, le cas échéant, entre biens d'une part et services d'autre part.
(b) Créances résultat de ventes ou de prestations de services.
(c) Poste à servir directement s'il n'existe pas de rachat par l'entreprise de ses propres actions.
(d) Poste (et compte) créé par le C.N.C.
(e) Principe de non-compensation avec soldes créditeurs.
(f) Poste et compte créés par le C.N.C.

Bilan passif (base)

	Postes	Comptes N	N - 1
Capitaux propres	Capital (dont versé...) (a)	101 - 108 (dont versé : 1013)	
	Primes d'émission, de fusion, d'apport	104	
	Écarts de réévaluation (b)	105	
	Écart d'équivalence	107 ou 1057	
	Réserves		
	Réserve légale	1061	
	Réserves statuataires ou contractuelles	1063	
	Réserves réglementées	1062 - 1064	
	Autres	1068	
	Report à nouveau (c)	11	
	Résultat de l'exercice (bénéfice ou perte) (d)	12	
	Subventions d'investissement	13	
	Provisions réglementées	14	
	Total I	X	X
Autres fonds propres *	Produit des émissions de titres participatifs	1671 (g)	
	Avances conditionnées	1674 (g)	
	Total I bis	X	X
Provisions pour risques et charges	Provisions pour risques	151	
	Provisions pour charges	15 (sauf 151)	
	Total II	X	X
Dettes (1) (f)	Emprunts obligataires convertibles	161 - 16881 (h)	
	Autres emprunts obligataires	163 - 16883 (h)	
	Emprunts et dettes auprès des établissements de crédit (2)	164 - 16884 (i) - 512C (i) - 514C (i) - 517C (i) - 5186 - 519	
	Emprunts et dettes financières divers (3)	165 - 166 - 168 (sauf 16881 - 16883 - 16884) (h) - 17 - 426 (j) - 45C (k) (sauf 457)	
	Avances et acomptes reçus sur commandes en cours	4191	
	Dettes fournisseurs et comptes rattachés (e)	401 - 403 - 4081 - 4088 (en partie)	
	Dettes fiscales et sociales	421 - 422 - 424 - 427 - 4282 - 4284 - 4286 - 43 (sauf 4387) - 442 - 443C - 444C - 4455 - 4457 - 44584 - 44587 - 446 - 447 - 4482 - 4486 - 457 (l)	
	Dettes sur immobilisations et comptes rattachés	269 - 279 - 404 - 405 - 4084 - 4088 (en partie)	
	Autres dettes	4196 - 4197 - 4198 - 464 - 467C - 4686 - 478C - 509	
Régularisation (1)	Produits constatés d'avance	487	
	Total III	X	X
	Écarts de conversion passif **(IV)**	477	X
	Total général (I + I bis + II + III + IV)	X	X
(1) Dont à plus d'un an. Dont à moins d'un an. (2) Dont concours bancaires courants et soldes créditeurs de banques. (3) Dont emprunts participatifs.			

* A ne faire figurer que si nécessaire
(a) Y compris capital souscrit non appelé
(b) A détailler conformément à la législation en vigueur
(c) Montant entre parenthèses ou précédé du signe moins (-) lorsqu'il s'agit de pertes reportées
(d) Montant entre parenthèses ou précédé du signe moins (-) lorsqu'il s'agit d'une perte
(e) Dettes sur achats ou prestations de services
(f) A l'exception, pour application de (1), des avances et acomptes reçus sur commandes en cours
(g) Comptes figurant dans le P.C.G. mis à jour par l'arrêté du 9 décembre 1986
(h) Rattachement des comptes d'intérêts courus aux comptes d'emprunts concernés (tableau complémentaire du C.N.C. Bull n° 57 4ème trimestre 1983 p. 7)
(i) Voir principe de non-compensation avec soldes débiteurs
(j) A notre avis constitue une dette sociale à classer au poste Dettes fiscales et sociales (idem Guide professionnel des transports)
(k) A notre avis, constitue des Autres dettes au même titre que les comptes débiteurs 45 constituent des Autres créances
(l) A notre avis, ce compte ne constitue pas une dette « sociale » et devrait être classé en Autres dettes (idem Guide professionnel des transports)

Compte de résultat en liste (base)

Postes	Comptes N	Comptes N - 1
Produits d'exploitation (1)		
Ventes de marchandises	707 - 708 (en partie) - 7097	
Production vendue (biens et services) (a)	70 (sauf 707 - 708 en partie) - 7097	
Montant net du chiffre d'affaires	X	X
dont à l'exportation		
Production stockée (b)	713	
Production immobilisée	72 - 73 (f)	
Subventions d'exploitation	74	
Reprises sur provisions (et amortissements), transferts de charges	781 - 791	
Autres produits	75 (sauf 755)	
Total I	X	X
Charges d'exploitation (2)		
Achats de marchandises (c)	607 - 6087 (g) - 6097	
Variation de stock (d)	6037	
Achats de matières premières et autres approvisionnements (c)	601 - 602 - 6081 (g) - 6082 (g) - 6091 - 6092	
Variation de stock (d)	6031 - 6032	
Autres achats et charges externes *	604 - 605 - 606 - 6084 (g) - 6085 (g) - 6086 (g) - 6094 - 6095 - 6096 - 61 - 62	
Impôts, taxes et versements assimilés	63	
Salaires et traitements	641 - 644 - 648 (h)	
Charges sociales	645 - 646 - 647 - 648 (h)	
Dotations aux amortissements et aux provisions		
Sur immobilisations : dotations aux amortissements (e)	6811 - 6812	
Sur immobilisations : dotations aux provisions	6816	
Sur actif circulant : dotations aux provisions	6817	
Pour risques et charges : dotations aux provisions	6815	
Autres charges	65 (sauf 655)	
Total II	X	X
1. **Résultat d'exploitation (I - II)**	±X	±X
Quote-parts de résultat sur opérations faites en commun		
Bénéfice attribué ou perte transférée **III**	755	
Perte supportée ou bénéfice transféré **IV**	655	
(1) Dont produits afférents à des exercices antérieurs		
(2) Dont charges afférentes à des exercices antérieurs		

* Voir page suivante.
(a) A inscrire, le cas échéant, sur des lignes distinctes.
(b) Stock final moins stock initial : montant de la variation en moins entre parenthèses ou précédé du signe (-).
(c) Y compris droits de douane.
(d) Stock initial moins stock final : montant de la variation en moins entre parenthèses ou précédé du signe (-).
(e) Y compris éventuellement dotations aux amortissements des charges à répartir.
(f) A inscrire sur une ligne distincte, voir commentaires.
(g) Si les frais accessoires sont rattachés aux comptes correspondants.
(h) Le compte 648 est réparti selon les cas entre Salaires et traitements et Charges sociales.

Compte de résultat en liste (base)

Postes	Comptes N	Comptes N - 1
Produits financiers		
De participations (3)	761	
D'autres valeurs mobilières et créances de l'actif immobilisé (3)	762	
Autres intérêts et produits assimilés (3)	763 - 764 - 765 - 768	
Reprises sur provisions et transferts de charges	786 - 796	
Différences positives de change	766	
Produits nets sur cessions de valeurs mobilières de placement	767	
Total V	X	X
Charges financières		
Dotations aux amortissements et aux provisions	686	
Intérêts et charges assimilées (4)	661 - 664 - 665 - 668	
Différences négatives de change	666	
Charges nettes sur cessions de valeurs mobilières de placement	667	
Total VI	X	X
2. Résultat financier (V - VI)	± X	± X
3. Résultat courant avant impôts (I + II + III - IV + V - VI)	± X	± X
Produits exceptionnels		
Sur opérations de gestion	771	
Sur opérations en capital	775 - 777 - 778	
Reprises sur provisions et transferts de charges	787 - 797	
Total VII	X	X
Charges exceptionnelles		
Sur opérations de gestion	671	
Sur opérations en capital	675 - 678	
Dotations aux amortissements et aux provisions	687	
Total VIII	X	X
4. Résultat exceptionnel (VII - VIII)	± X	± X
Participation des salariés aux résultats de l'entreprise (IX)	691	X
Impôts sur les bénéfices (X)	695 - 696 (d) - 697 - 689 (a) 698 (c) - 699 (b) - 789 (a)	X
Total des produits (I + III + V + VII)	X	X
Total des charges (II + IV + VI + VIII + IX + X)	X	X
Bénéfice ou perte	± X	± X
* Y compris		
- redevances de crédit-bail mobilier	6122	
- redevances de crédit-bail immobilier	6125	
(3) Dont produits concernant les entreprises liées .... (4) Dont intérêts concernant les entreprises liées		

N.B. : Outre le résultat exceptionnel avant impôts que les sociétés de capitaux doivent faire ressortir, les entreprises ont la faculté de faire apparaître distinctement le résultat d'exploitation et le résultat financier. Le bénéfice ou la perte résulte alors de la somme algébrique des résultats courant et exceptionnel (3 + 4) et des charges IX et X.

(a) Provision pour impôt : compte que nous proposons.
(b) Créance provenant du *carry-back* et du crédit d'impôt recherche.
(c) Intégration fiscale.
(d) Supplément d'I.S. lié aux distributions.

Bilan (abrégé)

Actif	Comptes N – Brut	Comptes N – Amort. prov.	Comptes N – Net	N - 1 Net
Actif immobilisé				
Immobilisations incorporelles				
- fonds commercial (a)	206 - 207			
- autres	201 - 208	280 - 290		
Immobilisations corporelles	210 - 230	281 - 291		
Immobilisations financières (1)	270	297		
Total I	X	X	X	X
Actif circulant				
Stocks et encours (autres que marchandises)	310 - 33 - 34 - 35	391 - 393 - 394 - 395		
Marchandises	370	397		
Avances et acomptes versés sur commandes	409 (pour partie) (d)			
Créances (2)				
- clients et comptes rattachés	410	491		
- autres (3)	409 (pour partie) (d) - 428 - 430D - 444D - 445D - 455D - 460	496		
Valeurs mobilières de placement	500	590		
Disponibilités (autres que caisse)	510D - 540			
Caisse	530			
Charges constatées d'avance (2)	486			
Total II *	X	X	X	X
Total général (I + II)	X	X	X	X
(1) Dont à moins d'un an .... (2) Dont à plus d'un an .... (3) Dont comptes courants d'associés				

Passif	Comptes N	N - 1
Capitaux propres		
Capital	101 - 108	
Écarts de réévaluation (b)	105	
Réserves		
- réserve légale	1061	
- réserves réglementées	1064	
- autres (4)	1063 - 1068	
Report à nouveau (c)	110 ou 119	
Résultat de l'exercice (bénéfice ou perte) (c)	120 ou 129	
Provisions réglementées	145 - 146 - 147 - 148	
Total I	X	X
Provisions pour risques et charges **(II)**	150	X
Dettes (5)		
Emprunts et dettes assimilées	160	
Avances et acomptes reçus sur commandes en cours	419 (pour partie) (e)	
Fournisseurs et comptes rattachés	400	
Autres (3)	419 (pour partie) (e) 421 - 428 - 4300 - 4440 - 4450 - 447 - 445C - 460	
Produits constatés d'avance (2)	487	
Total III	X	X
Total général (I + II + III)	X	X
(4) Dont réserves statutaires .... (5) Dont à plus de 5 ans .... Dont à plus d'un an et moins de 5 ans .... Dont à moins d'un an		

* Le cas échéant, les entreprises ouvrent un poste Charges à répartir sur plusieurs exercices (comprenant le compte 481) qui forme le total III, le total général étant modifié en conséquence.
(a) Y compris droit au bail.
(b) A détailler conformément à la législation en vigueur
(c) Montant entre parenthèses ou précédé du signe (-) lorsqu'il s'agit de pertes.
(d) Les soldes des comptes Fournisseurs débiteurs autres que les avances et acomptes sont à classer dans les Autres créances.
(e) Les soldes des comptes Clients créditeurs autres que les avances et acomptes sont à classer dans les Autres dettes.

Compte de résultat (abrégé)

Postes de charges	Comptes N	N - 1	Postes de produits	Comptes N	N - 1
Charges d'exploitation			**Produits d'exploitation**		
Achats de marchandises (a)	607		Ventes de marchandises	707 -709	
Variation de stocks (marchandises) (b)	6037		Production vendue (biens et services) (c)	701 - 706 - 708 - 709	
Achats d'approvisionnements (a)	600 (sauf 607)		Production stockée (d)	713	
Variation de stocks (approvisionnements) (b)	6031 - 6032		Production immobilisée	72	
Autres charges externes *	610 - 620		Subventions d'exploitation	740	
Impôts, taxes et versements assimilés	630		Autres produits (2)	750 - 781 - 790	
Rémunérations du personnel	641 - 644				
Charges sociales	645 - 646				
Dotations aux amortissements	6811 - 6812				
Dotations aux provisions	6815 - 6816 - 6817				
Autres charges	650				
Charges financières	660 - 686		**Produits financiers** (2)	760 - 786 - 790	
Total I	X	X	**Total I** *dont à l'exportation*	X	X
Charges exceptionnelles (II)	670 - 687 - 691	X	**Produits exceptionnels** (2) **(II)**	770 - 787 - 790	
Impôts sur les bénéfices (III)	695 - 697	X			
Total des charges (I + II + III)	X	X	**Total des produits (I + II)**	X	X
Solde créditeur **bénéfice** (1)	X	X	Solde débiteur **perte** (3)	X	X
Total général	X	X	**Total général**	X	X
* Y compris - redevances de crédit-bail mobilier .... - redevances de crédit-bail immobilier	A chercher dans 610				
(1) Compte tenu d'un résultat exceptionnel avant impôts de			(2) Dont reprises sur provision (et amortissements).. (3) Compte tenu d'un résultat exceptionnel avant impôts de		

(a) Y compris droits de douane.
(b) Stock initial moins stock final : montant de la variation en moins entre parenthèses ou précédé du signe (–).

(c) A inscrire, le cas échéant, sur des lignes distinctes.
(d) Stock final moins stock initial : montant de la variation en moins entre parenthèses ou précédé du signe (–).

Chapitre 21
Bilan financier : Les indicateurs du diagnostic financier

1 Le bilan financier

Il fait apparaître le patrimoine réel de l'entreprise et permet d'évaluer le risque de non liquidité.

Synthèse des retraitements

Frais d'établissement et de recherche développement Compte de régularisation actif Prime de remboursement des obligations Écarts de conversion actif	**A déduire de l'actif et à déduire des capitaux propres**
EENE (1)	A additionner aux créances clients et aux concours bancaires courants
Actifs détenus en crédit-bail (2)	**A additionner aux immobilisations et aux dettes financières**
Dettes fiscales latentes	A additionner aux dettes fiscales et sociales et à soustraire des postes de passif concernés (ex : réserves, provisions pour risques et charges)
Valeurs brutes des immobilisations et des stocks Amortissements Provisions	**Actif : correction des valeurs brutes, amortissements et provisions Passif : variation induite de la situation nette de la dette fiscale latente**
Immobilisations financières à moins d'un an	Reclassement en actif circulant
Actifs d'exploitation à plus d'un an	**Reclassement en actif immobilisé**
Affectation du résultat	Reclassement en dettes ou en capitaux propres selon la maturité

(1) Dans une optique financière, les effets escomptés non échus correspondent à un concours bancaire obtenu par l'entreprise.

(2) Le retraitement doit être cohérent avec l'optique adoptée pour le diagnostic (notamment l'appréciation de la solvabilité). Si l'analyse privilégie une optique liquidative, aucun retraitement ne sera nécessaire.

2 Les indicateurs préparatoires au diagnostic financier

1) Les S.I.G. (soldes intermédiaires de gestion)

Les S.I.G représentent une cascade de soldes ou plus exactement de marges qui constituent autant de paliers dans la formation du résultat net. Ils sont calculés directement à partir du compte du résultat.

Modalités de calcul

Ventes de marchandises (707 – 7097) – coût d'achat des marchandises vendues (607 + 6037 + 6087 – 6097)
Marge commerciale

Production vendue (70 sauf 707 et 7097) + production stockée (713) + production immobilisé (72) + produits nets partiels sur opérations à long terme (73)
Production de l'exercice

Marge commerciale + production de l'exercice – consommation en provenance des tiers (60 + 61 + 62 sauf 607, 6087, 6097)
Valeur ajoutée

Valeur ajoutée + subventions d'exploitation (74) – impôts et taxes (63) – charges de personnel (64)
Excédent brut d'exploitation (EBE)*

Excédent brut d'exploitation + reprises sur amortissements et provisions d'exploitation (781) + autres produits de gestion courante (75 sauf 755) + transfert de charges d'exploitation (791) – dotations aux amortissements et provisions d'exploitation (681) – autres charges de gestion courante (65 sauf 655)
Résultat d'exploitation

Résultat d'exploitation + / – quote-parts sur opérations faites en commun (755-655) + produits financiers (76+ 786 +796) – charges financières (66 + 686)
Résultat courant

Produits exceptionnels (77 + 787 797) – charges exceptionnelles (67 + 687)
Résultat exceptionnel

Résultat courant + résultat exceptionnel – participation des salariés (691) – impôts sur les bénéfices (695 + 697)
Résultat de l'exercice

Produits de cessions des actifs (775) – valeurs comptables des actifs cédés (675)
Résultat sur cession d'immobilisation

* l'E.B.E constitue le « cash flow » d'exploitation pour maintenir et développer l'outil d'exploitation et rémunérer les capitaux engagés. Ce solde exprime donc la capacité à engendrer des ressources de trésorerie.

2) La CAF (Capacité d'autofinancement)

La CAF représente le surplus de trésorerie à l'issue de l'exploitation, si toutes les opérations en suspens étaient réglées. Elle représente la ressource dégagée au cours de l'exercice par l'ensemble des opérations de gestion.

Première méthode (PCG)	**Méthode de vérification**
+ Excédent brut d'exploitation + transfert de charges d'exploitation + autres produits d'exploitation – autres charges d'exploitation + / – quote-parts de résultats sur opérations faites en commun + produits financiers – charges financières + produits exceptionnels – charges exceptionnelles – participation des salariés – impôts sur les bénéfices	+ Résultat de l'exercice + dotations aux amortissements et provisions – reprises sur amortissements et provisions – résultat sur cessions d'éléments d'actif – quote-parts de subventions d'investissement virées au résultat
Capacité d'autofinancement	**Capacité d'autofinancement**

Autofinancement = CAF – Dividendes

La CAF permet :

- le financement des investissements ;
- le remboursement des emprunts ;
- l'accroissement du potentiel d'endettement (l'endettement de l'entreprise ne devrait pas excéder quatre fois la CAF).

Exemple :

Les informations relevées dans le compte de résultat de la société X sont les suivantes, pour l'exercice N (en millier de francs) :

Achats de marchandises :	7 000	Production stockée (augmentation) :	7 000
Achats de matières premières et autres approvisionnements :	40 000	Production vendue :	100 000
Autres achats et charges externes :	15 000	Produits des cessions d'éléments d'actif :	18 000
Autres charges de gestion courante :	800	Produits exceptionnels sur opérations de gestion :	600
Autres produits d'exploitation :	2 000	Reprises sur provisions d'exploitation :	13 000
Charges de personnel :	30 000	Reprises sur provisions exceptionnelles :	1 000
Charges d'intérêts :	5 000	Reprises sur provisions financières :	3 000
Charges exceptionnelles sur opération de gestion :	3 000	Subventions d'exploitation reçues :	3 000
Dotations d'exploitation :	15 000	Valeurs comptables des éléments d'actifs cédés :	7 000
Dotations exceptionnelles :	5 000	Variation des stocks de marchandises :	- 300
Dotations financières :	500	Variation des stocks de matières premières et autres approvisionnements :	2 000
Impôts et taxes :	7 500	Ventes de marchandises :	15 000
Impôts sur les bénéfices :	25 000		
Intérêts perçus :	700		
Production immobilisée :	2 000		

a) Tableau des soldes intermédiaires de gestion

Produits (Colonne 1)		Charges (Colonne 2)		Soldes intermédiaires des excédents (Colonne 1 – colonne 2)	N	N-1
Ventes de marchandises	15 000	Coût d'achat des marchandises vendues (7 000 – 300)	6 700	● Marge commerciale	8 300	
Production vendue Production stockée Production immobilisée	100 000 7 000 2 000	ou déstockage de production (1)				
Total	109 000	Total		● Production de l'exercice	109 000	
● Production de l'exercice ● Marge commerciale	109 000 8 300	Consommation de l'exercice en provenance de tiers				
Total	117 300	(40 000 + 15 000 + 2 000)	57 000	● Valeur ajoutée	60 300	
● Valeur ajoutée Subventions d'exploitation	60 300 3 000	Impôts, taxes et versements assimilés (2) Charges de personnel (7 500 + 30 000)				
Total	63 300	Total	37 500	● Excédent brut (ou insuffisance brute) d'exploitation	25 800	
● Excédent brut d'exploitation Reprises sur charges et transferts de charges Autres produits	25 800 13 000 2 000	● ou insuffisance brute d'exploitation Dotation aux amortissements et aux provisions Autres charges	 15 000 800			
Total	40 800	Total	15 800	● Résultat courant avant impôts (bénéfice ou perte)	25 000	
● Résultat d'exploitation Quote-parts de résultat sur opérations faites en commun Produits financiers (3 000 + 700)	25 000 3 700	● ou résultat d'exploitation Quote-parts de résultat sur opérations faites en commun Charges financières (5 000 + 500)	 5 500			
Total	28 700	Total	5 500	● Résultat courant avant impôts (bénéfice ou perte)	23 200	
Produits exceptionnels (600 + 1 000 + 18 000)	19 600	Charges exceptionnelles (3 000 + 5 000 + 7 000)	15 000	● Résultat exceptionnel (bénéfice ou perte)	4 600	
● Résultat courant avant impôts ● Résultat exceptionnel	23 200 4 600	● ou résultat courant avant impôts ● ou résultat exceptionnel Participation des salariés Impôts sur les bénéfices	 25 000			
Total	27 800	Total	25 000	Résultat de l'exercice (bénéfice ou perte) (3)	2 800	
Produits des cessions d'éléments d'actif	18 000	Valeur comptable des éléments cédés	7 000	Plus-values et moins-values sur cessions d'éléments d'actif	11 000	

(1) En déduction des produits dans le compte de résultat.
(2) Pour le calcul de la valeur ajoutée, sont assimilés à des consommations externes, les impôts indirects à caractère spécifique inscrits au compte 685 Impôts, taxes et versements assimilés et acquis lors de la mise à la consommation des biens taxables.
(3) Sous total général des produits. Total général des charges.

b) Calcul de la CAF

Première méthode (PCG)		**Méthode de vérification**	
+ Excédent brut d'exploitation	+ 25 800	+ Résultat de l'exercice	+ 2 800
+ Transfert de charges d'exploitation	–		
+ Autres produits d'exploitation	+ 2 000	+ Dotations aux amortissements et provisions	+ 20 500
– Autres charges d'exploitation	– 800		
+ / – Quotes-parts de résultats		– Reprises sur amortissements et provisions	– 17 000
opérations faites en commun	–		
+ Produits financiers	+ 700	– Résultat sur cessions d'éléments d'actif	– 11 000
– Charges financières	– 5 000		
+ Produits exceptionnels	+ 600		
– Charges exceptionnelles	– 3 000	– quote-parts de subventions d'investissements virées au résultat	–
– Participation des salariés	–		
– Impôts sur les bénéfices	– 25 000		
Capacité d'autofinancement	– 4 700	**Capacité d'autofinancement**	– 4 700

La CAF est négative, il s'agit alors d'un besoin d'autofinancement.

Chapitre 22

Fonds de roulement et besoin en fonds de roulement

Règle de l'équilibre financier

« *Les emplois stables doivent être financés par des ressources durables* ». En fait, le respect strict de cette règle ne garantit pas totalement l'absence de problèmes de trésorerie. En raison des décalages dans le temps entre les opérations et leur règlement, les recettes et les dépenses ne concordent pas forcément. La « marge de sécurité » est le fonds de roulement.

Remarque : lorsque l'on calcule ces indicateurs dans le cadre d'un diagnostic financier, il convient d'utiliser un bilan financier, après avoir effectué des retraitements (cf. chapitre 21).

1 Le fonds de roulement (FR)

A. Définition

Le FR est le montant des ressources permanentes contribuant à financer les actifs circulants s'il est positif ; dans le cas contraire, c'est la partie de l'actif immobilisé financé par des dettes à court terme. Il est donc essentiel que les capitaux permanents soient d'un montant supérieur à celui de l'actif immobilisé, sinon, il faudrait recourir sans cesse à des financements à court terme.

FR = Capitaux permanents – Actif immobilisé net,

ou FR = Actif circulant – Dettes d'exploitation.

Bilan(1)

Actif	**Passif**
Actif Immobilisé net Capital souscrit non appelé Immobilisations incorporelles nettes Immobilisations corporelles nettes Immobilisations financières nettes Écarts de conversion nets Charges à répartir	**Capitaux permanents** Capitaux propres Provisions pour risques et charges Emprunts et dettes financières (– les écarts de conversion) (– les primes de remboursement des obligations)
Actif circulant net	**Fonds de roulement**
	Dettes à court terme

(1) On peut également présenter l'actif immobilisé brut, et ajouter les amortissements et les provisions aux capitaux permanents (analyse fonctionnelle).

B. Conséquences

1°) En cas de maturité comparable des actifs circulants et des dettes à court terme :

– si FR > 0 ⟶ situation favorable en termes de solvabilité.

– si FR = 0 ⟶ tension sur la liquidité, fragilité de l'entreprise en termes de solvabilité.

– si FR < 0 ⟶ permet de prévoir des difficultés pour l'entreprise, sauf interventions correctrices par une amélioration de la stabilité du financement.

2°) En cas de maturité inégale des actifs circulants (AC) et des dettes à court terme (DCT) :

– si les AC « tournent » plus vite que les DCT, l'équilibre financier est assuré avec un FR < 0 ou faible (grande distribution : crédits fournisseurs importants, crédits clients très faibles) ;

– si les AC « tournent » moins vite que les DCT, le maintien de la solvabilité exigera un FR largement positif.

2 Le besoin en fonds de roulement (BFR)

A. Définitions

C'est le besoin de financement du cycle d'exploitation dû au décalage systématique (sauf exception) entre actifs circulants résultant de l'exploitation et dettes nées de cette exploitation.

Le BFR est composé des éléments d'exploitation et hors exploitation :

BFR = BFRE + BFRHE

1) Le BFR d'exploitation ou BFRE

BFRE =	+	Stocks et encours
	+	Avances et acomptes versés sur commandes d'exploitation
	+	Créances d'exploitation
	–	Avances et acomptes reçus sur commandes d'exploitation
	–	Dettes d'exploitation

2) Le BFR hors exploitation ou BFRHE

BFRHE =	+	Créances diverses HE
	+	Valeurs mobilières de placement
	–	Dettes diverses HE

Remarque : les charges et les produits constatés d'avance sont à ventiler selon leur affectation à l'exploitation ou non.

B. Conséquences

1) Fonds de roulement

Actif immobilisé 100	**Capitaux permanents** 130
Fonds de roulement 30	

2) Besoin en fonds de roulement d'exploitation

Stocks et créances d'exploitation 130	**Dettes à court terme d'exploitation** 80
	Besoin en fonds de roulement d'exploitation 50

3) Dégagement en fonds de roulement hors exploitation

Créances diverses hors exploitation 80	**Dettes diverses hors exploitation** 90
BFRHE 10	

4) Besoin de trésorerie (trésorerie < 0)

Disponibilités	20	**Concours bancaires**	30
Trésorerie	10		

$$FR = BFRE + BFRHE + \text{Trésorerie}$$

$$30 = \underbrace{50 - 10}_{BFR = 40} - 10$$

Par conséquent, si le fonds de roulement dégagé est plus important que le besoin en fonds de roulement nécessaire à l'entreprise, alors la trésorerie est positive (FR – BFR = T). Dans le cas inverse, notre exemple, le fonds de roulement (30) est insuffisant pour couvrir le besoin en fonds de roulement (40), le surplus est donc financé par des concours bancaires courants, d'où une trésorerie négative (– 10).

3 Le besoin en fonds de roulement normatif (BFRN)

A. Définition

Le BFRE est directement lié à l'exploitation ; aussi peut-il être calculé de façon prévisionnelle en fonction de l'évolution du chiffre d'affaires : on l'appelle alors ***besoin en fonds de roulement normatif.***

B. Méthode de calcul proposé par l'Ordre des experts comptables

Expression des postes de stocks et de créances d'exploitation (besoins) d'une part, des dettes d'exploitation (dégagement) d'autre part, générés par l'exploitation normale de l'entreprise, en jours de chiffre d'affaires hors taxes (CAHT) selon le rapport :

$$\frac{\text{Poste du BFRN x 360 jours}}{\text{CAHT annuel}}$$

Ce rapport est décomposé, pour chacun des postes, en deux ratios :

1) le ratio de structure (ou pondération) :

$$\frac{\text{Compte de charge ou de produit correspondant au poste}}{\text{CAHT}}$$

Ce ratio mesure le poids de chacun des postes du BFRN dans l'exploitation.

2) le ratio de temps d'écoulement (ou durée de rotation) :

$$\frac{\text{Poste du BFRN x 360}}{\text{Compte de charge ou de produit correspondant}}$$

Ce ratio exprime la durée de rotation des postes du BFRN.

Pour les stocks, les crédits clients ou fournisseurs, il convient de retenir la durée moyenne de stockage ou de crédit.

La différence entre la somme des besoins et la somme des dégagements donne le fonds de roulement exprimé en jours de chiffre d'affaires hors taxes.

Cette méthode permet de prévoir la fluctuation du fonds de roulement nécessaire à l'exploitation en fonction du chiffre d'affaires prévisionnel.

Exemple :

Prévisions : 10 000 unités vendues sur 11 mois

TVA : 20,6 %

Prix de vente HT : 500 F

Production unitaire :

- matières : 75 F HT
- MOD : 75 F
- frais : 50 F HT
- frais fixes de production : 1 000 000 F

Distribution unitaire :

- MOD : 15 F
- matières diverses : 50 F HT

Temps d'écoulement :

- TVA payée le 20 du mois suivant ;
- stocks de matières production : 25 jours ;
- crédits fournisseurs : 40 jours ;
- stocks de produits finis : 10 jours ;
- crédits clients : 45 jours.

Calcul du BFRN	Temps d'écoulement	Coefficient de pondération	Besoin	Dégagement
Stocks MP	25	0,15(1)	3,75	
Stocks PF	10	0,60(2)	6	
Clients	45	1,206(3)	54,27	
TVA déductible	65(4)	0,072(5)	4,68	
Fournisseurs	40	0,422(6)		16,88
TVA collectée	35	0,206(7)		7,21
		Total	68,7	24,09
		BFRN	44,61 jours	

soit chiffre d'affaires prévisionnel HT : 10 000 x 500 = 5 000 000

CAHT par jour (sur 11 mois) : 5 000 000 / 330 = 15 151,515

BFRN jours de CAHT : 44,61 x 15 151,515 = 675 909,08

(1) Coût d'achat des MP / CAHT = 75 / 500 = 0,15.

(2) Coût de production / CAHT = (75 + 75 + 50 + (1 000 000 / 10 000 unités) / 500 = 0,60.

(3) CATTC / CAHT = 500 x 1,206 / 500 = 1,206.

(4) Naissance de la créance 1/2 x 30 jours = 15 jours

1 mois de décalage = 30 jours

Date de dépôt = 20 jours soit 15 + 30 + 20 = 65

(5) TVA sur achats / CAHT = (75 + 50 + 50) x 0,206 / 500 = 0,072

(6) Achats TTC / CAHT = (75 + 50 + 50) x 1,206 / 500 = 0,422

(7) TVA sur ventes / CAHT = 500 x 0,206 / 500 = 0,206.

Chapitre 23

Introduction au diagnostic financier : methode des ratios – tableau de financement

La plupart des difficultés que connaissent les entreprises résultent d'un long processus de dégradation (3 à 5 ans). Ainsi, même en période de marche normale de l'entreprise, il est utile de suivre régulièrement un certain nombre d'indicateurs d'évolution de la situation financière et de l'exploitation de l'entreprise afin d'être en mesure de déceler à temps les symptômes d'une tendance défavorable.

1 Les ratios

A. Définition

Un ratio est un rapport entre deux grandeurs caractérisant l'activité, la situation financière, la gestion ou la rentabilité d'une entreprise.

Les ratios permettent ainsi une comparaison dans le temps pour l'entreprise et avec la valeur du ratio des entreprises du même secteur.

Plusieurs organismes publient périodiquement des listes de ratios, notamment la centrale des bilans de la Banque de France, celle du Crédit national ou encore de la Caisse des dépôts et consignations (pour les sociétés cotées en bourse).

Le calcul d'un ratio n'a d'intérêt que lorsqu'il peut être commenté de façon efficace pour l'entreprise.

B. Les différentes catégories de ratios

Des exemples sont donnés, mais du fait de l'adaptation des ratios à l'entreprise, la liste n'est pas exhaustive.

1) Ratios de structure financière

– Autonomie financière : $\dfrac{\text{Captitaux propres}}{\text{Dettes}}$

– Capacité d'emprunt : $\dfrac{\text{Captitaux propres}}{\text{Capitaux permanents}}$

Si le ratio est supérieur à 0,5, la marge d'endettement est positive.

– Liquidité générale : $\frac{\text{Actif circulant}}{\text{Dettes à court terme*}}$

– Liquidité relative : $\frac{\text{Créances et disponibilités}}{\text{Dettes à court terme*}}$

– Liquidité immédiate : $\frac{\text{Disponibilités}}{\text{Dettes à court terme*}}$

* si ces ratios sont supérieurs à 1, le fonds de roulement est positif.

On peut aussi suivre l'évolution des différents postes, en pourcentage, de l'actif ou du passif.

2) Ratios économiques

– Mesure de la sous-traitance : $\frac{\text{Charges de personnel}}{\text{Chiffre d'affaires}}$

– Productivité du facteur travail : $\frac{\text{Chiffre d'affaires}}{\text{Effectifs}}$

Les ratios économiques doivent être adaptés aux besoins et à l'activité de l'entreprise.

3) Ratios d'exploitation

– Rotation des stocks : $\frac{\text{Stock moyen}}{\text{Coût de revient des stocks vendus}}$

$$\text{Stock moyen} = \frac{(\text{Stock initial} + \text{Stock final})}{2}$$

Numérateur et dénominateur se calculent hors taxes, ils sont exprimés en coût de production, coût d'achat, coût de revient, ou prix de vente.

– Rotation du crédit clients :

$$\frac{(\text{Clients} + \text{Effets à recevoir} + \text{Effets escomptés non échus})}{\text{Ventes TTC}}$$

– Rotation du crédit fournisseurs : $\dfrac{\text{(Fournisseurs + Effets à payer)}}{\text{Achats TTC}}$

Pour une entreprise commerciale, la durée du crédit clients doit donc être inférieure à celle du crédit fournisseurs (notion de BFR).

4) Ratios de gestion

– Politique commerciale : $\dfrac{\text{Clients douteux}}{\text{Clients}}$

– Politique d'amortissement : $\dfrac{\text{Dotations aux amortissements}}{\text{Immobilisations brutes}}$

– Politique de renouvellement des équipements : $\dfrac{\text{Immobilisations nettes}}{\text{Immobilisations brutes}}$

– Politique d'investissement : $\dfrac{\text{Investissements}}{\text{Chiffre d'affaires}}$

– Politique boursière : $\dfrac{\text{Dividendes}}{\text{Bénéfice net}}$

– Politique d'endettement : $\dfrac{\text{Frais financiers}}{\text{Chiffre d'affaires ou bénéfice net}}$

5) Ratios de rentabilité

– Aptitude à dégager des profits : $\dfrac{\text{Marge ou bénéfice net}}{\text{Vente HT}}$

– Capacité de remboursement : $\dfrac{\text{Marge ou bénéfice net}}{\text{Dettes}}$

– Rendement boursier : $\dfrac{\text{Dividendes}}{\text{Capitalisation boursière}}$

– Rentabilité des capitaux investis : $\dfrac{\text{Marge ou bénéfice net}}{\text{Capitaux investis}}$

6) Ratios techniques

– Ratios commerciaux : $$\frac{\text{Chiffre d'affaires}}{\text{Surface ou nombre de représentants, etc}}$$

– Ratios de production : $$\frac{\text{Unités produites}}{\text{Heures de travail}}$$

ou $$\frac{\text{Masse salariale}}{\text{Unités produites}}$$

ou $$\frac{\text{Salaires}}{\text{Chiffre d'affaires}}$$

ou $$\frac{\text{Matières premières}}{\text{Chiffre d'affaires}}\text{, etc.}$$

2 Le tableau de financement (Plan Comptable 1982)

A. Définition

« *Le tableau de financement est un tableau des emplois et des ressources qui explique les variations du patrimoine de l'entreprise au cours de la période de référence* » (PCG 1982).

Pour l'année N, on utilisera les bilans et les comptes de résultat (N – 1) et N, ***avant répartition des résultats.***

Schématiquement, la première partie du tableau se décompose de la manière suivante :

Emplois		**Ressources**	
Emplois à long terme		*Ressources à long terme*	
Actifs immobilisés	↗	Capitaux permanents	↗
Capitaux permanents	↘	Actifs immobilisés	↘
Emplois à court terme		*Ressources à court terme*	
Actifs circulants	↗	Dettes à court terme	↗
Dettes à court terme	↘	Actifs circulants	↘

B. Présentation des tableaux

1) Modèle de tableau des emplois et des ressources Première partie (TER I)

Emplois	Exercice N	Exercice N - 1	**Ressources**	Exercice N	Exercice N - 1
Distributions mises en paiement au cours de l'exercice			Capacité d'autofinancement de l'exercice		
Acquisitions d'éléments de l'actif immobilisé :			Cessions ou réductions d'éléments de l'actif immobilisé :		
Immobilisations incorporelles			Cessions d'immobilisations		
Immobilisations corporelles			incorporelles		
Immobilisations financières			corporelles		
			Cessions ou réductions d'immobilisations financières		
Charges à répartir sur plusieurs exercices (a)					
Réduction des capitaux propres (réduction de capital, retraits)			Augmentation des capitaux propres		
			Augmentation de capital ou apports		
			Augmentation des autres capitaux propres		
Remboursements de dettes financières (b)			Augmentation des dettes financières (b)(c)		
Total des emplois			**Total des ressources**		
	X	X		X	X
Variation du fonds de roulement net global (ressource nette)			Variation du fonds de roulement net global (emploi net)		

(a) Montant brut transféré au cours de l'exercice
(b) Sauf concours bancaires courants et soldes créditeurs de banques
(c) Hors primes de remboursement des obligations

2) Modèle de tableau des emplois et des ressources Deuxième partie (TER II)

Variation du fonds de roulement net global	Exercice N			Exercice N-1
	Besoins 1	Dégagement 2	Solde 2-1	Solde
Variations Exploitations				
Variation des actifs d'exploitation :				
Stocks et encours				
Avances et acomptes versés sur commandes				
Créances clients, comptes rattachés et autres créances d'exploitation (a)				
Variation de dettes d'exploitation :				
Avances et acomptes reçus sur commandes en cours				
Dettes fournisseurs, comptes rattachés et autres dettes d'exploitation (b)				
Totaux	X	X		
A. Variation nette Exploitation (c)			+ X	+ X
Variations Hors exploitation :				
Variations des autres débiteurs (a) (d)				
Variations des autres créditeurs (b)				
Totaux	X	X		
B. Variation nette Hors exploitation (c)			+ X	+ X
Total A + B :				
Besoins de l'exercice en fonds de roulement			- X	- X
ou				
Dégagement net de fonds de roulement dans l'exercice			+ X	+ X
Variations Trésorerie :				
Variations des disponibilités				
Variations des concours bancaires courants et soldes créditeurs de banque				
Totaux	X	X		
C. Variation nette Trésorerie (c)			+ X	+ X
Utilisation de la variation du fonds de roulement net global (Total A + B + C) :				
Emploi net			-	-
ou				
Ressources nettes			+	+

(a) Y compris charges constatées d'avance selon leur affectation à l'exploitation ou non.

(b) Y compris charges constatées d'avance selon leur affectation à l'exploitation ou non.

(c) Les montants sont assortis du signe + lorsque les dégagements l'emportent sur les besoins et du signe - dans le cas contraire.

(d) Y compris valeurs mobilières de placement.

N.B. : Cette partie II du tableau peut être adaptée au système de base. Dans ce cas, les variations portent sur l'ensemble des éléments. Aucune distinction n'est faite entre exploitation et hors exploitation.

C. Traitements et problèmes particuliers

1) Intérêts courus

Les immobilisations financières et les dettes financières peuvent comporter des intérêts courus. Ils doivent être éliminés et transférés respectivement dans les créances et dettes diverses hors exploitation.

2) Avances, acomptes et immobilisations corporelles en cours

Ces postes sont incorporés dans les augmentations des postes d'immobilisation correspondants comptabilisés en N ; il faut donc les retrancher de ces postes lors de l'établissement du tableau de financement.

3) Écarts de conversion

A éliminer ; les postes concernés doivent être ramenés à leur valeur d'origine.

4) Traitement des emprunts obligataires avec primes de remboursement

Dans le TER I, au titre des augmentations de dettes financières, il conviendra de prendre le montant à rembourser diminué des primes de remboursement. Au titre des remboursements, on retiendra le montant total (y compris les primes).

5) Effets escomptés non échus

A réintégrer dans les créances d'exploitation et dans les concours bancaires courants.

6) Crédit-bail et personnel extérieur

Mêmes retraitements que ceux du bilan financier.

D. Conclusion : interprétation du TER

Le tableau de financement constitue un instrument indispensable d'appréciation d'une entreprise.

Document de synthèse, il fait apparaître comment l'entreprise a pu, par des ressources internes et externes, faire face aux divers emplois que nécessite son activité. Il peut également expliquer l'évolution de la structure financière de l'entreprise au cours d'une période donnée.

La seconde partie enregistre les décalages sur paiements et encaissements relatifs aux opérations d'exploitation et hors exploitation ; elle explique l'utilisation qui a été faite de la variation du fonds de roulement net global.

Son rôle a été consacré par la loi de mars 1984 relative à la prévention et au règlement des difficultés des entreprises ; elle l'a rendu obligatoire pour les entreprises dépassant certains seuils.

Il est à noter qu'il existe de nombreux modèles de tableaux de flux tels que : TPFF, FILTREX, tableaux de flux de la Banque de France, etc.

Chapitre 24
Introduction au contrôle interne

1 Définition des objectifs

A. Définition

« *Le contrôle interne est constitué par l'ensemble des mesures de contrôle, comptable ou autre, que la direction définit, applique et surveille, sous sa responsabilité, afin d'assurer la protection du patrimoine de l'entreprise et la fiabilité des enregistrements comptables et des comptes annuels qui en découlent* » (Commentaire 2101-01 CNCC).

Ainsi, le contrôle interne est préventif, c'est un ensemble de moyens mis en place dans une entreprise et faisant partie intégrante de son organisation. Enfin, la direction de l'entreprise est responsable de la mise en œuvre et de la supervision de ces moyens pour atteindre un certain nombre d'objectifs.

B. Objectifs

Les principaux objectifs sont d'assurer :

- la protection des actifs, du patrimoine et des ressources de l'entreprise ;
- la fiabilité et la qualité des informations d'ordre comptable dont dépendent la régularité et la sincérité des enregistrements ;
- le respect de la politique de la direction et le contrôle de l'application de ses instructions (dans les grandes entreprises, il existe un manuel des procédures) ;
- l'amélioration des performances et de l'efficacité opérationnelle.

2 Les composantes du contrôle interne

La cohérence de l'ensemble des composantes permet d'apprécier la qualité du contrôle interne d'une entreprise, par l'auditeur (interne ou externe) ou encore par le commissaire aux comptes.

A. Le système d'organisation

- Définition des responsabilités (organigramme de l'entreprise à jour).
- Séparation des tâches et des fonctions permettant un contrôle réciproque.

Il faut s'efforcer de dissocier les services opérationnels (commercial) des services liés à la protection des biens de l'entreprise (responsable du stock) et des services liés à l'enregistrement (comptabilité).

– Description précise des fonctions à chaque niveau de responsabilité.
– Système d'autorisation (double signature par exemple).

C. Le manuel des procédures

Document décrivant les procédures et l'organisation comptables dès lors que la compréhension du système de traitement le nécessite.

D. Le système de preuves

– Organisation de la comptabilité.
– Les moyens informatiques.
– Prénumérotation des documents, contrôle des totaux, rapprochements des différents documents ; classement des documents.
– Les moyens matériels de protection des actifs de l'entreprise.
– Le personnel, dont dépend le respect des procédures.

Il est également nécessaire de mettre en place une procédure de supervision qui donne l'assurance que les contrôles mis en place :

– fonctionnent régulièrement ;
– sont adaptés aux besoins ;
– ne nécessitent pas de modification.

La supervision est assurée par différents organes, selon la taille de l'entreprise :

– dans les grandes entreprises, les services de contrôle de gestion et d'audit interne sont chargés de s'assurer, pour les uns, que les objectifs définis par l'entreprise sont atteints et, pour les autres, que les procédures de contrôle interne sont efficaces et appliquées ;
– dans les petites entreprises, la supervision est assurée par le chef d'entreprise lui-même.

3 Appréciation du contrôle interne par le commissaire aux comptes

« Lors de la prise de connaissance, le commissaire identifie, apprécie et évalue les facteurs de risques généraux ; cela lui permet, dès le commencement de sa mission, de décider si l'environnement général est favorable ou non et s'il est porteur d'éléments de nature à nuire à la qualité de conception ou de fonctionnement du contrôle interne.

Chaque année, il doit examiner si des facteurs nouveaux viennent influencer son appréciation initiale. Ainsi, il peut orienter sa mission et, notamment, choisir les fonctions pour lesquelles une appréciation détaillée du contrôle interne lui paraît utile ».

(CNCC : *Appréciation du contrôle interne*).

Schéma général (CNCC)

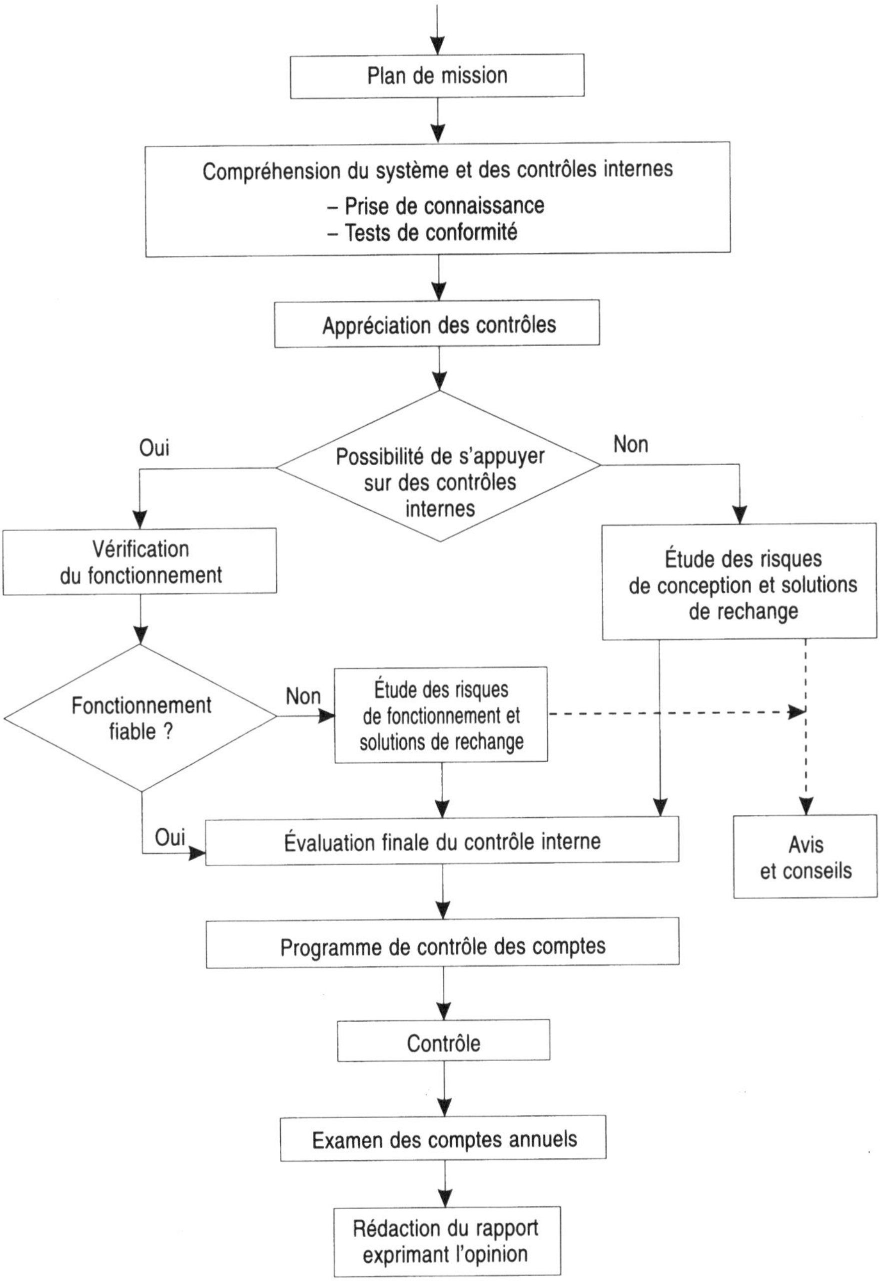

Chapitre 25

Comptabilité générale et comptabilité de gestion

La ***comptabilité générale*** présente les opérations réalisées entre l'entreprise et les tiers ; elle est obligatoire, réglementée, annuelle et a posteriori. Au contraire la ***comptabilité de gestion*** permet de déterminer le coût des différentes fonctions de l'entreprise et d'en expliquer les résultats, d'établir des prévisions, d'en constater les réalisations et d'analyser les écarts. Elle est souple, car elle n'obéit pas à une réglementation, sa périodicité est adaptée aux besoins de l'entreprise. Elle a donc pour objectif d'aider la prise de décision de gestion.

1 Constitution et formation des coûts

Le principal objectif de la comptabilité de gestion est la détermination des coûts, et plus particulièrement celle du coût de revient. Tandis qu'en comptabilité générale, le résultat est global (il résulte de la différence entre le total des produits et le total des charges), en comptabilité analytique, les charges vont être reclassées afin de déterminer des résultats analytiques.

Le coût est donc « la somme des charges relatives à un élément défini au sein du réseau comptable »[1].

Pour définir un coût, il convient de déterminer ses trois caractéristiques :

- ***le domaine d'application*** : un produit fabriqué, une marchandise, une fonction de l'entreprise, un atelier, un service de l'entreprise, ... ;
- ***le contenu*** : l'ensemble des charges prises en compte pour son calcul. Toutes les charges sont prises en compte = coût complet ; une partie des charges est prise en compte (charges directes, charges variables,...) = coût partiel.
- ***le moment du calcul*** : a posteriori, le coût constaté (réel) ; a priori, le coût préétabli.

Formation du coût de revient

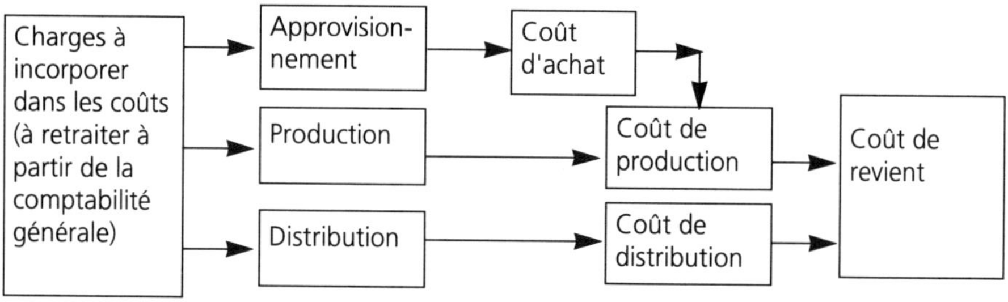

1. Conseil National de la Comptabilité.

2 Les charges et les produits incorporables ; les autres retraitements

Les charges de la comptabilité générale sont reclassées pour déterminer les charges incorporables de la comptabilité analytique. Le principe est que seules les charges relevant d'une exploitation normale et courante sont prises en compte, les autres sont dites ***non-incorporables***.

Par ailleurs, certaines charges non comptabilisées sont prises en compte en comptabilité analytique ; ces charges sont dites ***supplétives***.

Les ***charges non-incorporables*** sont généralement les charges exceptionnelles et les dotations aux amortissements et aux provisions sans lien direct avec l'exploitation, l'impôt sur les bénéfices et la participation des salariés, certaines charges financières tels que les intérêts d'emprunt ne finançant pas des immobilisations relatives à l'exploitation.

Les ***charges supplétives*** (ou charges calculées) sont généralement des charges non enregistrées en comptabilité générale mais reconnues économiquement afin de permettre des comparaisons entre structures différentes, telles que la rémunération conventionnelle des capitaux propres, la rémunération du travail de l'exploitant,...

Les mêmes critères sont à retenir pour les produits ; ainsi les produits exceptionnels, par exemple, sont non-incorporables, et des travaux effectués par l'entreprise pour elle-même et non comptabilisés sont dits supplétifs.

Enfin, certaines charges peuvent être retraitées en comptabilité analytique en raison des critères d'évaluation ; par exemple les amortissements peuvent être recalculés afin de déterminer l'amortissement économique, soit la dépréciation réelle du bien.

Charges incorporables en comptabilité analytique = charges de la comptabilité générale + charges supplétives – charges non-incorporables.

Charges de la comptabilité générale : 150 000 F dont 1 200 F de provision pour risque exceptionnel

Charges non incorporables : 1 200 F

Charges incorporables en comptabilité analytique : 150 000 F – 1 200 F = 148 800 F

Charges supplétives : capital de 1 000 000 F rémunéré à 7 % soit 70 000 F

Charges prises en compte en comptabilité analytique : 148 800 + 70 000 = 218 800 F

Chapitre 26
Typologie des coûts

1 Définitions des typologies de charges

A. Critère de la destination

- *Charges directes* : charges pouvant être affectées à un coût sans équivoque. Par exemple, l'achat de matières dans le coût d'achat.
- *Charges indirectes* : charges pouvant concerner plusieurs coûts ; elles doivent donc être au préalable réparties entre les différentes fonctions de l'entreprise, puis imputées aux différents coûts. Par exemple, les charges d'entretien.

B. Critère de la variabilité

- *Charges variables (ou proportionnelles)* : charges dont le montant évolue de manière continue en fonction de l'activité de production et de vente. Par exemple, les matières consommées.
- *Charges fixes (ou de structure)* : charges dont le montant total est indépendant du volume d'activité. Par exemple, le loyer.

2 Typologie des coûts

En fonction des charges retenues dans le calcul des coûts, ceux-ci peuvent être soit complets soit partiels.

Les ***coûts complets*** retiennent toutes les charges sans distinguer les critères de destination ou de variabilité ; s'ils sont calculés après les faits qui les ont engagés, ils sont dits ***constatés***, ou ***réels*** ou ***historiques*** ; s'ils sont calculés avant, ils sont dits ***préétablis ou standards ou prévisionnels***.

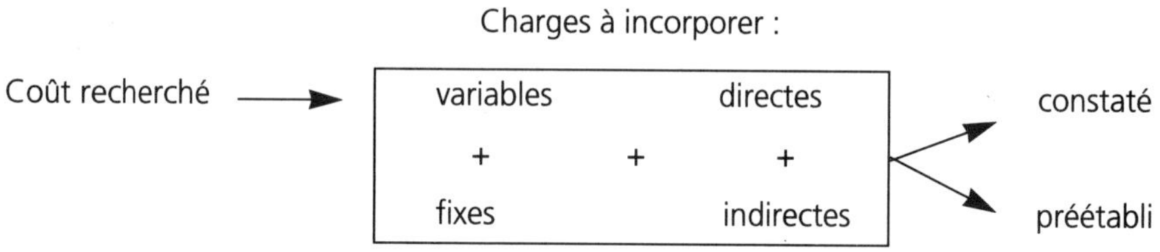

Les coûts partiels retiennent les charges en fonction d'un des critères :

- la variabilité : on parle alors de coûts variables dont le calcul exclut toutes les charges fixes ;

– critère de distinction direct ou indirect : si l'on parle de coûts directs, on prend alors en compte toutes les charges directement liées au produit, qu'elles soient variables ou fixes.

Comme les coûts complets, les coûts partiels peuvent être ***constatés*** ou ***préétablis***. Par exemple, pour le coût variable :

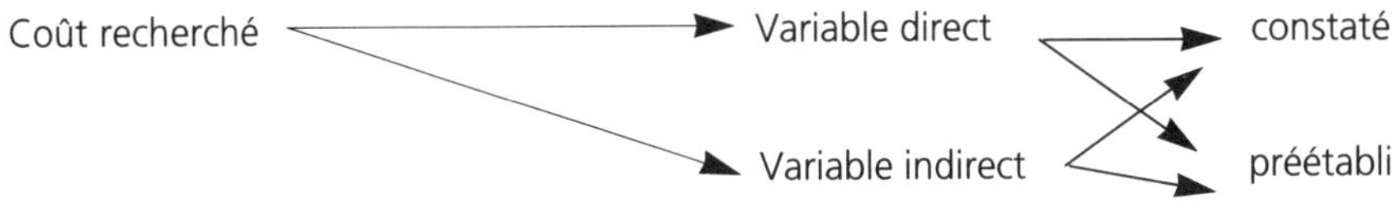

3 Enchaînement des coûts

Le ***coût d'achat*** est calculé en fonction des quantités de matières ***achetées***.

Le ***coût de production*** est calculé à partir du ***coût d'achat des quantités consommées et en fonction des quantités fabriquées de produits***.

Le coût de revient est calculé à partir du ***coût de production des quantités vendues et en fonction des quantités vendues de produits***.

Il est donc nécessaire en comptabilité analytique de tenir des comptes de stocks pour passer des quantités achetées aux quantités consommées et des quantités fabriquées aux quantités vendues.

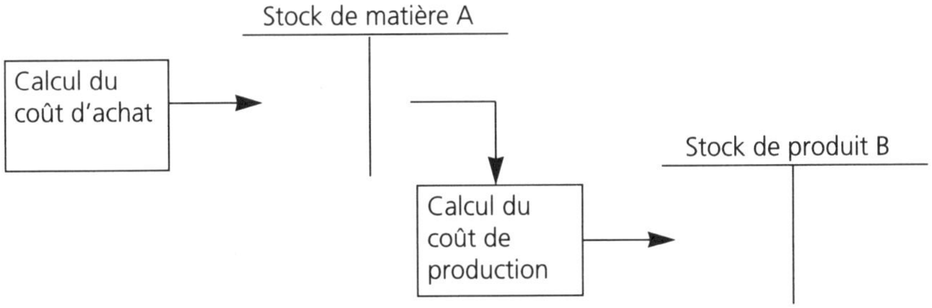

4 Coûts et marges

Une marge est la différence entre un prix de vente et un coût.

Prix de vente du produit A
X
quantités vendues de A

–

Coût variable d'achat du produit A
X
quantités vendues de A

=

Marge sur coût variable
d'achat du produit A

On trouvera donc autant de marges que de coûts différents en comptabilité analytique.

Chapitre 27

Le coût complet

1 Définition

Le coût complet a pour objet de déterminer le coût de revient total d'un produit (somme de toutes les charges variables et fixes, directes et indirectes) afin de le comparer au prix de vente et de déterminer un résultat.

Les charges directes vont donc être ***affectées*** sans équivoque au produit ; ***les charges indirectes,*** communes à plusieurs coûts, devront faire l'objet d'une ***répartition entre les centres d'analyse*** puis d'une ***imputation aux différents coûts concernés*** en fonction de leur consommation ***d'unités d'œuvre.***

Les ***centres d'analyse*** correspondent à une division de l'entreprise, atelier, magasin, fonctions (administration, gestion des ressources humaines...). Certaines de ces divisions n'ont pas de relation directe avec le produit ; ce sont les ***centres auxiliaires***. Leurs charges devront donc faire l'objet d'une répartition secondaire entre les autres centres dits ***centres principaux***. Ces derniers ont une relation directe avec le produit et les charges sont donc imputées en fonction ***du coût d'unité d'œuvre.***

L'***unité d'œuvre*** est l'unité de mesure de l'activité d'un centre d'analyse ; par exemple : 1 heure/machine ou 1 kg de matière ou 1 F de chiffre d'affaires.

2 Schéma de synthèse de la démarche

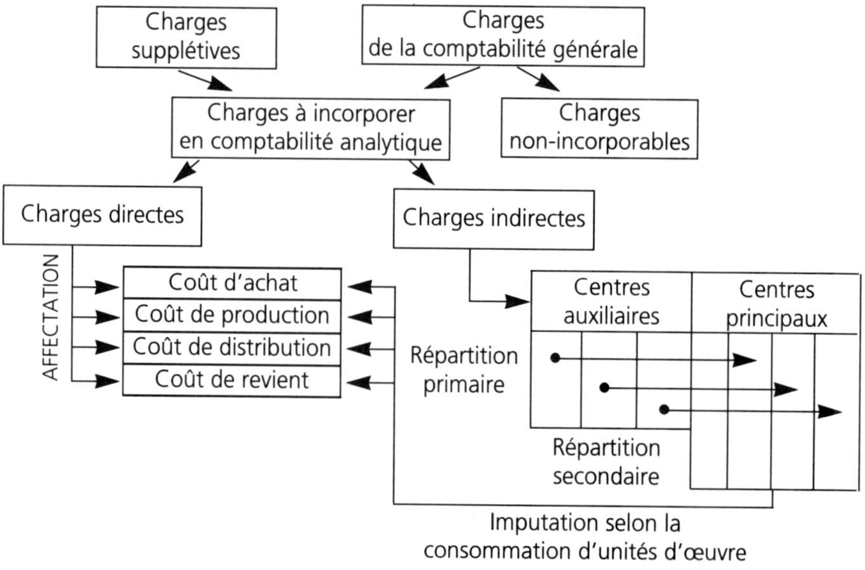

3 Exemple d'application

Le compte de résultat d'une entreprise industrielle qui fabrique un seul produit nous fournit les informations suivantes pour le mois de janvier :

- achat de matières premières : 100 000 F (20 000 kg à 5 F) ; chaque produit nécessite 2 kg de matière première ; 7500 produits ont été fabriqués en janvier ;
- autres achats et charges externes (indirectes) : 80 000 F ;
- charges salariales du personnel administratif : 120 000 F ;
- charges salariales du personnel de production : 200 000 F pour 300 heures de main-d'œuvre ;
- charges de distribution : 30 000 F ;
- électricité, énergie : 40 000 F ;
- dotations aux amortissements : 70 000 F ;
- charges exceptionnelles : 10 000 F ;
- 5 000 produits ont été vendus à 100 F en janvier.

La rémunération des capitaux propres est calculée sur la base d'un taux annuel de 12 % (montant des capitaux propres : 500 000 F).

Le tableau de répartition des charges indirectes se présente de la manière suivante :

	Centres auxiliaires		Centres principaux	
	administration	énergie	approv.	atelier
Répartition primaire				
Charges administration	90 %	10 %		
Energie	10 %	90 %		
Dotations aux amortissements	5 %		55 %	40 %
Autres achats			90 %	10 %
Charges supplétives	100 %			
Clé de répartition secondaire				
Centre administration			50 %	50 %
Centre énergie			50 %	50 %
Nature de l'unité d'œuvre			kg de matière achetée	heure de main d'œuvre

Calcul des différents coûts

Compte-tenu des données fournies ci-dessus :

- les charges non incorporables = 10 000 (ce sont les charges exceptionnelles) ;
- les charges supplétives pour janvier = 500 000 x 12 % x 1/12 = 5 000.

Total des charges directes :

Matières premières	:	100 000
Personnel de production	:	200 000
Distribution	:	30 000
Total	:	330 000

Total des charges indirectes

Autres achats	:	80 000
Personnel administratif	:	120 000
Electricité, énergie	:	40 000
Dotations aux amortissements	:	70 000
Charges supplétives	:	5 000
Total	:	315 000

Répartition des charges indirectes

Charges	Total	Adm.	Energie	Approv.	Atelier
Personnel administratif	120 000	108 000	12 000		
Electricité	40 000	4 000	36 000		
Dotations amortissements	70 000	3500		38 500	28 000
Autres achats	80 000			72 000	8 000
Charges supplétives	5 000	5 000			
Répartition primaire	315 000	120 500	48 000	110 500	36 000
Administration		(120 500)	-	60 250	60 250
Energie		-	(48 000)	24 000	24 000
Répartition secondaire		0	0	194 750	120 250
M.O. (unité d'œuvre)				kg matière achetée	h. de main d'œuvre
Quantité U.O.				20 000 kg	300 h
Coût U.O.				9,7375 F	400,833 F

Calcul du coût d'achat pour 10 000 produits

(2 kg matières premières par produit ; achats de janvier : 20 000 kg)

Charges directes :	100 000	
Charges indirectes:	194 750	
Total:	294 750	soit : 29,475 F par produit

Calcul du coût de production pour 7 500 produits fabriqués

Coût d'achat : 29,475 x 7 500	=	221 062,50
Charges directes de production	=	200 000,00
Charges indirectes de production (300 heures de main d'œuvre)	=	120 250,00
Total	=	541 312,50
Coût unitaire	=	72,175 F

Calcul du coût de distribution

Le coût de distribution est donné dans l'énoncé de cet exemple : 30 000 F ; soit un coût de distribution unitaire : 30 000/5 000 = 6 F.

Résultat analytique pour 5 000 produits vendus

	Global	Unitaire
① Coût d'achat	147 375	29,475
Marge sur coût d'achat = ④ - ①	*352 625*	
② Coût de production	360 875	72,175
Marge sur coût de production = ④ - ②	*139 125*	
③ Coût de distribution	30 000	6,00
Coût de revient = ② + ③	*390 875*	78,175
④ Ventes	500 000	100
⑤ Résultat analytique	109 125	21,825

4 Cas des prestations réciproques

L'existence de prestations entre sections auxiliaires donne lieu à « prestations réciproques ». Pour effectuer le calcul correspondant, il est nécessaire de résoudre un système d'équations.

Reprenons, pour illustrer la méthode à suivre, les données de l'exemple précédent en modifiant la répartition secondaire.

	Adm.	Énergie	Approv.	Atelier
Total de répartition primaire	120 500	48 000	110 500	36 000
Administration	–	5 %	45 %	50 %
Énergie	10 %	–	40 %	50 %

Prestations réciproques

On pose alors les équations suivantes :

avec X = administration

Y = énergie

$$X = 120\ 500 + 0{,}1\ Y$$

$$Y = 48\ 000 + 0{,}05\ X$$

d'où :

$$\begin{aligned} Y &= 48\ 000 + 0{,}05\ (120\ 500 + 0{,}1\ Y) \\ &= 48\ 000 + 6\ 025 + 0{,}005\ Y \\ 0{,}995\ Y &= 54\ 025 \\ Y &= 54\ 296{,}48 \\ \text{et } X &= 125\ 929{,}64 \end{aligned}$$

La répartition secondaire sera alors la suivante :

	Adm.	Énergie	Approv.	Atelier
Répartition secondaire	120 500	48 000		
Administration	(125 929,64)	6 296,48	56 668,34	62 964,82
Énergie	5 429,64	(54 296,48)	21 718,59	27 148,24
Total	0	0	78 386,93	90 113,06

Chapitre 28
Charges variables et charges fixes : le seuil de rentabilité

1 Charges variables et charges fixes

A. Définitions

– ***Charges variables*** (ou charges proportionnelles)

Leur montant évolue de manière continue en fonction de l'activité de production et de vente.

Elles sont liées au niveau d'utilisation des moyens de production (matières consommées, achats).

– ***Charges fixes*** (ou charges de structure)

Leur montant total pour la période considérée est indépendant du volume d'activité.

Elles correspondent au coût de possession des moyens dont l'entreprise dispose pour exercer son activité (salaires des cadres, loyers…).

B. Représentations graphiques

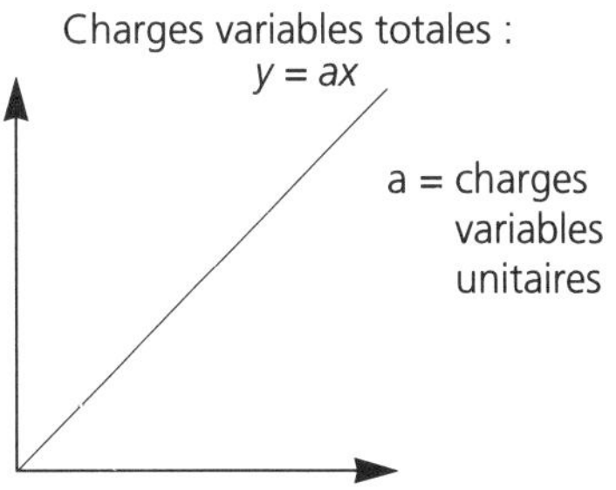

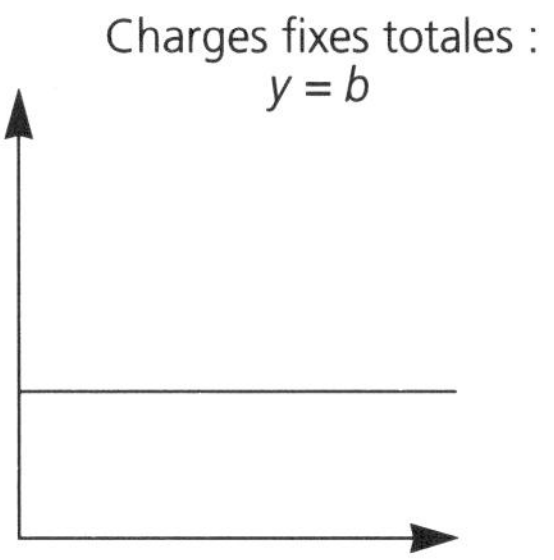

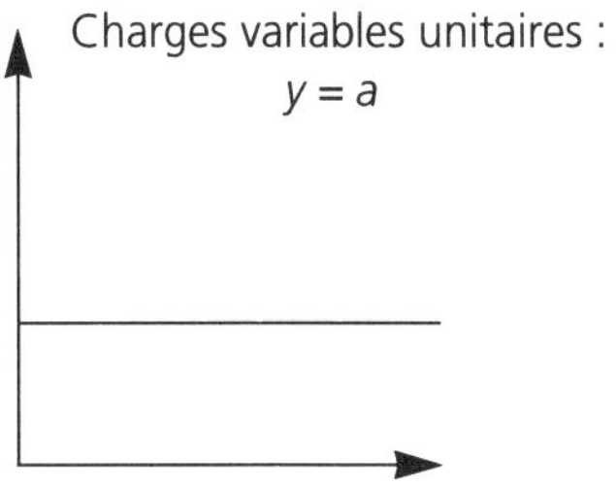

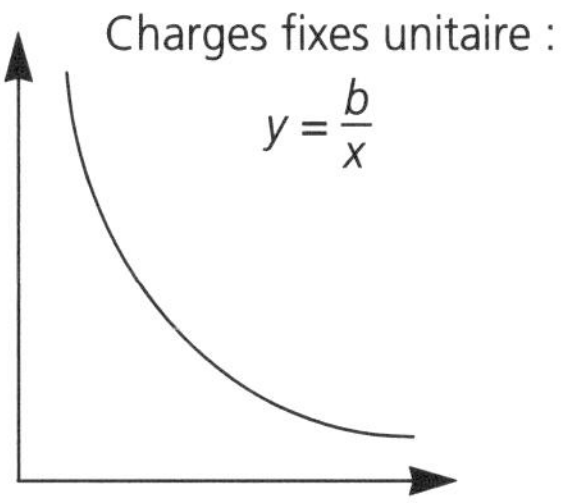

Remarque : La fixité peut être remise en cause, puisque ces charges évoluent de façon discontinue, par paliers. De même, la variabilité doit être appréciée à un niveau particulier (l'atelier, l'entreprise, le produit...) : ce qui est variable à un niveau peut être fixe à un autre.

2 Méthode des coûts variables

A. Définition

Seules les charges variables directes et indirectes sont incorporées dans le coût des produits.

L'analyse est faite par produit, service, atelier, afin de définir la **marge sur coûts variables**, par différence avec le chiffre d'affaires.

Chiffre d'affaires – Coûts variables des produits vendus (1)
= Marge sur coûts variables ou marge de contribution à l'absorption des charges fixes globales

(au niveau du produit)

Somme des marges sur coûts variables – Charges fixes globales
= Résultat global de l'entreprise

(au niveau de l'entreprise)

(1) Coûts variables d'achat + coûts variables de production + coûts variables de distribution.

B. Intérêt de la méthode

Elle permet :

- de connaître la contribution respective des produits à la couverture des charges fixes globales de l'entreprise ;
- d'évaluer le manque à gagner qui résulterait de l'abandon de l'un des produits ou de l'une des activités ;
- de mettre en lumière des décisions de gestion à court terme ;
- de définir les décisions d'actions possibles ;
- de faciliter l'élaboration des prévisions et la préparation des décisions grâce au calcul du seuil de rentabilité.

C. Exemple d'application

Reprenons les données de l'exemple traité au chapitre 27 (p. 159) et classons les charges en charges variables et en charges fixes.

Charges variables

Achats matières premières :	100 000 F
Autres achats et charges externes :	80 000 F (charges indirectes).
Charges salariales de production :	200 000 F
Charges de distribution :	30 000F

Charges fixes

Charges salariales du personnel administratif :	120 000 F
Électricité, énergie :	40 000 F
Dotations aux amortissements :	70 000 F
Charges supplétives :	5 000 F

Charges indirectes

	Total	Approv.	Atelier
Autres achats et charges externes	80 000	72 000	8 000
Quantité d'U.O.		20 000 kg	300 h
U.O.		kg acheté	heure m.o.
Coût d'U.O.		3,60 F	26,66 F

Coût variable d'achat pour 10 000 produits

Matières premières :	100 000
Approvisionnement : 2 kg x 10 000 x 3,60	72 000
Total :	172 000
Coût unitaire :	17,20 F

Coût variable de production pour 7 500 produits

Coût variable d'achat : 17,20 x 7 500	=	129 000 F
Charges salariales de production	=	200 000 F
Charges indirectes	=	8 000 F
Total	=	337 000 F
Coût unitaire	=	44,9333 F

Coût de distribution des 5 000 produits vendus

30 000 F soit un coût unitaire de 6 F.

Coût variable total

$$\frac{337\,000 \times 5\,000}{7\,500} + 30\,000 = 254\,666{,}66 \text{ F}$$

Résultat global de l'entreprise

Chiffre d'affaires	:	500 000
Coût variable	:	254 666,66
Marge sur coût variable	:	245 333,34
Charges fixes	:	235 000
Résultat analytique	:	10 333,34 F

Remarque : interprétation de l'écart entre les résultats analytiques calculés en coûts complets et en coûts variables.

L'écart provient des charges fixes indirectes :

– en coûts complets, ces charges ont été prises en compte pour :

- Centre approvisionnements : 194 750
  (72 000) montant identique en coûts complets et variables
  122 750 pour des achats relatifs à 10 000 produits
  Montant ramené aux 5 000 produits vendus : 61 375
- Centre atelier : 120 250
  (8 000) montant identique en coûts complets et variables
  112 250 pour 7 500 produits fabriqués
  Montant ramené aux 5 000 produits vendus : 74 833,33

136 208,33

– alors qu'en coûts variables, ces charges ont été prises pour : 235 000,00

Différence = 98 791,67

Cette différence est égale à celle constatée dans les résultats analytiques :

– en coûts complets:	109 125,00
– en coûts variables :	10 333,34
Différence:	98 791,67

3 Le seuil de rentabilité

C'est le volume d'activité correspondant à un résultat nul.

Il permet de déterminer le volume d'activité minimum tel que la marge sur coûts variables couvre l'ensemble des charges fixes.

Deux méthodes sont utilisées, soit directement en quantité vendue de produits, soit directement en chiffre d'affaires.

Données		
CA : 1 500 produits à 300 F	4 500 000	100 %
Charges variables : 210 F par produit	3 150 000	70 %
Marge sur coûts variables	1 350 000	30 %
Charges fixes globales	1 035 000	23 %
Résultat global	315 000	7 %

D'où : Résultat = Chiffre d'affaires – (Charges variables + fixes)

Seuil de rentabilité ➤ Résultat = 0

Donc : Chiffre d'affaires = Charges variables + fixes

Chiffre d'affaires – Charges variables = Charges fixes

Marge sur coûts variables = Charges fixes

1) En quantité

Marge sur coûts variables = Marge sur coûts variables unitaire x Quantité

$$\text{SR en quantité} = \frac{\text{Charges fixes globales}}{\text{Marge sur coûts variables unitaire}}$$

$$\text{SR en quantité} = \frac{1\,035\,000}{90\text{ F}} = 11\,500 \text{ produits.}$$

Marge sur coûts variables = Charges fixes

2) En chiffres d'affaires

Marge sur coûts variables = taux de marge sur coûts variables x chiffre d'affaires

$$\text{SR en CA} = \frac{\text{Charges fixes globales}}{\text{Taux de marge sur coûts variables}}$$

$$\text{SR en CA} = \frac{1\,035\,000}{0{,}30} = 3\,450\,000 \text{ F.}$$

Vérification

11 500 produits x 300 F = 3 450 000

SR en quantité x prix de vente = SR en chiffre d'affaires

3) Représentation graphique

En quantité

droite de marge sur coût variable : $y = 90\ x$

droite des charges fixes : $y = 1\ 035\ 000$

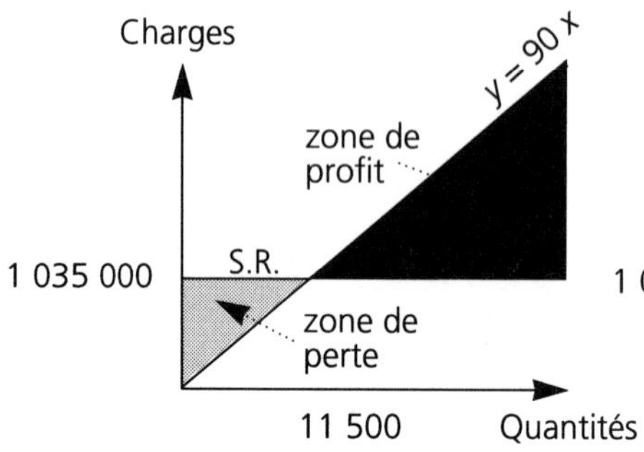

En chiffre d'affaires

droite de marge sur coût variable : $y = 0{,}30\ x$

droite des charges fixes : $y = 1\ 035\ 000$

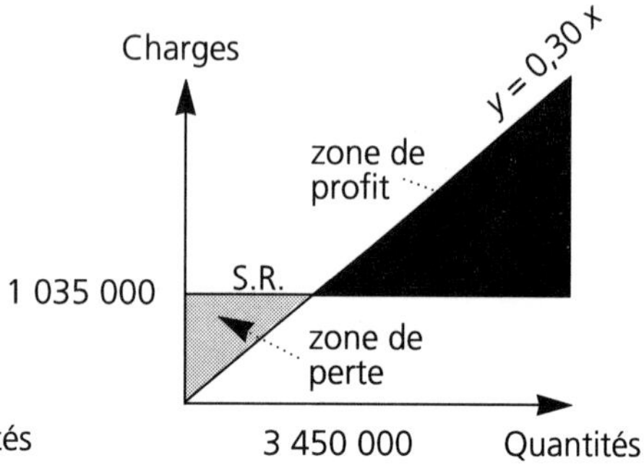

Chapitre 29

Imputation rationnelle des charges fixes

1 Définition de la méthode

L'imputation rationnelle des charges fixes est une méthode qui permet d'éliminer l'influence de l'absorption des charges fixes sur le coût de revient. En effet, la méthode des coûts complets ne tient pas compte de l'activité ; ainsi, les charges fixes unitaires sont décroissantes en fonction du volume d'activité.

La méthode de l'imputation rationnelle des charges fixes permet :

- de stabiliser les coûts unitaires complets des produits, en isolant l'impact de la variation de l'activité ;
- de faire apparaître le coût de sous-activité ou le boni de sur-activité, en fonction de l'activité réelle constatée par rapport à l'activité estimée normale.

Les coûts fixes imputés (directs ou indirects) seront les suivants :

coûts fixes réels x coefficient d'imputation rationnelle

2 Coefficients d'imputation rationnelle

Pour une entreprise :

nombre de produits réels (p) / nombre de produits estimé normal (P)

Pour un centre d'activité :

activité réelle en unités d'œuvre (n) / activité estimée normale en unités d'œuvre (N)

On constatera de la sous-activité quand $p<P$ ou $n<N$.

On constatera de la sur-activité quand $p>P$ ou $n>N$.

3 Exemple d'application

Reprenons les données de l'exemple traité au chapitre 27 (p. 159).

L'activité normale est la suivante :

- production normale : 7 692 produits
- matières premières : 2 kg par produit
- main-d'œuvre : 300 heures

Coefficient d'imputation rationnelle : $\frac{7\,500}{7\,692} = 0{,}975$.

Charges indirectes (reprise du corrigé de la page 158).

	Approv.		Atelier	
	Variables	Fixes	Variables	Fixes
Autres achats et charges externes :	72 000		8 000	
Dotations aux amortissements :		38 500		28 000
Administration :		60 250		60 250
	72 000	98 750	8 000	88 250
Coefficient d'imputation rationnelle :		0,975		0,975
	72 000	96 281,25	8 000	86 043,75
Quantité d'U.O.	2 000 kg		3 00 h	
Coût d'U.O.	3,60	4,814	26,66	286,812

Coût d'achat (10 000 produits)

Charges variables :	172 000
Charges fixes :	96 281,25
Total :	268 281,25
Coût unitaire :	26,828 F

Coût de production (7 500 produits)

Coût d'achat 7 500 x 26,828	=	201 210
Charges salariales	=	200 000
Charges indirectes variables	=	8 000
Charges indirectes fixes	=	86 043,75
Total	=	495 253,75
Coût unitaire	=	66,033 F

Le coût de distribution variable ne change pas.

Coût de revient

Coût de production + Coût de distribution (pour 5 000 produits)

$$\frac{495\ 253,75 \times 5\ 000}{7\ 500} + 30\ 000 = 360\ 169,16$$

Soit un coût de revient unitaire : 72,033 F.

Résultat analytique

Chiffre d'affaires :	500 000
Coût de revient des produits vendus :	360 169,16
	139 830,84

Remarque : interprétation de l'écart avec le résultat analytique en coûts complets :

Résultat analytique en coûts complets :	109 125
Résultat analytique avec imputation rationnelle :	139 830,84
Ecart de sous-activité :	30 705,84
Coût de production en coûts complets :	541 312,50
Coût de production avec imputation rationnelle :	495 253,75
Différence pour 7 500 produits :	46 058,75

Montant ramené à : 30 705,84 F pour 5 000 produits vendus.

Chapitre 30
Le coût marginal

1 Définition

Le coût marginal est la différence entre l'ensemble des charges courantes nécessaires à une production donnée et l'ensemble de celles qui sont nécessaires à cette même production majorée ou minorée d'une unité.

On utilise le raisonnement marginaliste pour orienter certaines décisions de gestion telles que :

– l'acceptation d'une commande supplémentaire ;

– le choix entre sous-traitance et fabrication interne ;

– l'arrêt ou la continuation de la production d'un des produits ;

– la modification de l'organisation de la production.

Le coût marginal est la variation du coût total due à une variation du niveau d'activité ou de la production, ainsi :

$$\text{CT marginal} = \frac{\text{variation de CT}}{\text{variation de Q}}$$

$$\text{CA marginal} = \frac{\text{variation de CA}}{\text{variation de Q}}$$

$$\text{R marginal} = \frac{\text{variation de R}}{\text{variation de Q}}$$

avec : CT = coût total

CA = chiffre d'affaires

R = résultat

Q = quantité

Le coût marginal n'est pas un coût constaté en comptabilité mais un coût estimé. Sa détermination résulte d'une analyse particulière des charges courantes et de l'élasticité de celles-là en fonction du volume. L'estimation du coût marginal est effectuée à partir de données comptables prévisionnelles ou constatées.

2 Exemple d'application

Reprenons les données de l'exercice en coûts complets (cf. chapitre 27, p. 159) :

Est-il judicieux d'accepter une commande de 3 000 produits au prix de vente de 78 F l'unité ?

Le prix de vente unitaire de la commande supplémentaire est inférieur au coût de revient en coût complet (78,175 F) ; l'entreprise serait donc tentée de refuser cette commande.

Effectuons le raisonnement en coût marginal :

Pour 5 000 produits, le coût total est : 390 875 F (cf. chapitre 27).

Pour 8 000 produits, le coût total sera de :

- Coût variable : 44,933 x 8 000 = 359 464 F (cf. chapitre 28)
- Coûts fixes globaux : 235 000 F
- Coût total : 594 464 F

$$\text{Calcul du coût marginal unitaire : } \frac{\text{Variation du coût total}}{\text{Variation des quantités}} = \frac{594\,464 - 390\,875}{3\,000} = 67{,}86 \text{ F}$$

Il convient donc d'accepter cette commande, puisqu'elle dégage une marge de 13 %.

3 Le raisonnement marginaliste : un outil de gestion

$$\text{Coût marginal} = \text{CM} = \frac{\Delta CT}{\Delta Q}$$

Pour une quantité infiniment petite de Q tendant vers 0, la limite du rapport :

$\frac{\Delta CT}{\Delta Q}$ est la derivée de CT appelée CT'.

Dans cette hypothèse, CM = Dérivée du Coût total.

Soit Cm = Coût moyen.

$$\text{Cm} = \frac{CT}{Q}$$

$$\text{dérivée de Cm} \quad \frac{CT'(Q) - CT}{Q2}$$

Coût marginal ↓ ; Coût unitaire minimum ↓

$$\text{Si : } CM = \frac{CT'(Q) - CT}{Q2} = 0 \Rightarrow CT'Q - C = 0 \Rightarrow CT' = \frac{CT}{Q}$$

Lorsque le coût moyen est à son minimum, le coût marginal est égal au coût moyen.

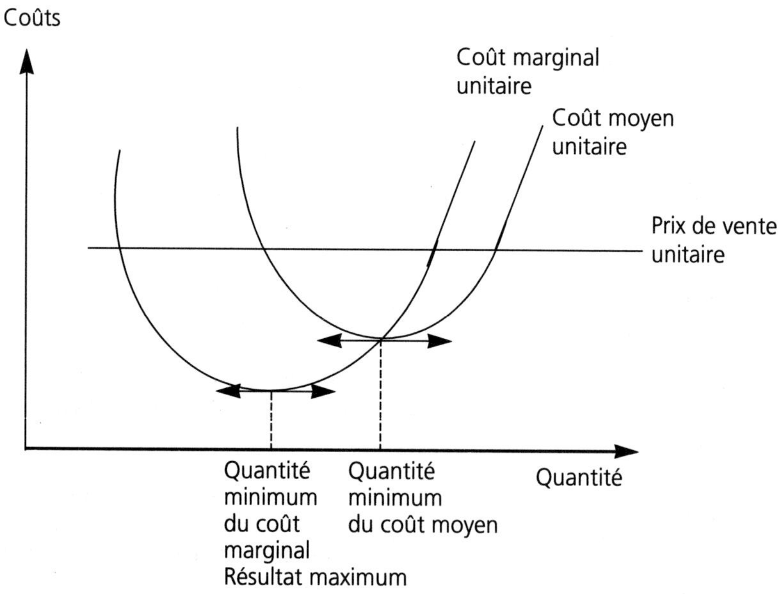

Index